DAS MENSCHLICHE SKELETT

Modellentwurf: Pat Doyle, Farbillustration: Inkwell Studios
Andere Illustrationen: David Woodroffe, Text: Karen Farrington und Nick Constable

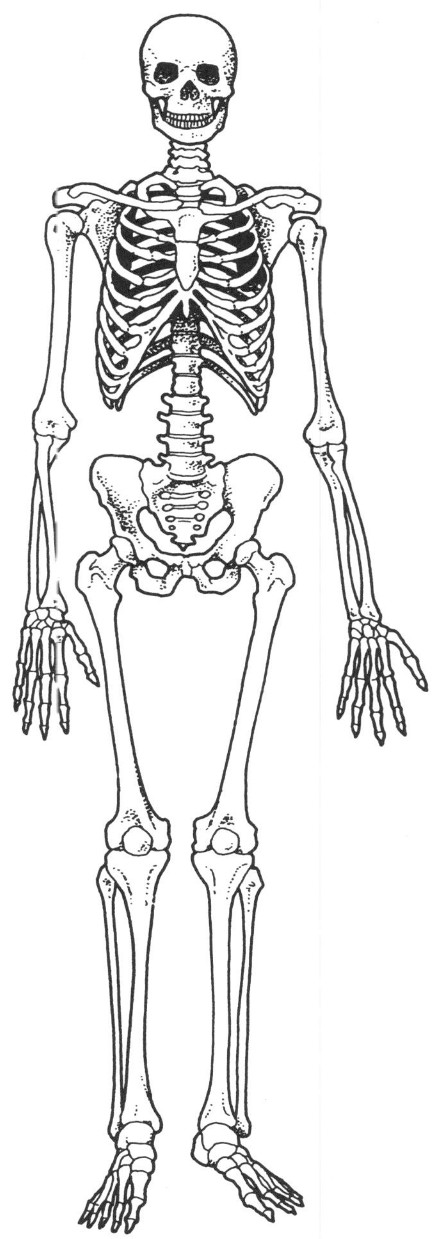

Der menschliche Körper ist komplexer als jede Maschine und jeder Computer. Ohne Skelett würde er als unförmige Masse auf den Boden fallen, unfähig, zu laufen oder zu sprechen. Das Skelett ist der Rahmen, der die lebenswichtigen Organe und Gewebe in unserem Körper stützt, einschließlich dem Herzen und der Lunge.

Alles in allem besitzt der Körper eines Erwachsenen 206 Knochen, also etwa ein Viertel weniger als bei der Geburt. Neugeborene Babys besitzen viel mehr Knochen, etwa 300 insgesamt, aber einige davon verschmelzen allmählich miteinander, wenn der Körper heranwächst.

Manche Knochen befinden sich direkt unter der Haut, wie die Knöchelchen deiner Hand. Wenn du eine Faust ballst, sind die knubbligen Gelenkenden deutlich sichtbar. Die Schenkel- und Oberarmknochen liegen dagegen unter mehreren Schichten Muskeln und Fett verborgen.

WORAUS BESTEHEN KNOCHEN?

Wenn du im Museum Skelette siehst, denkst du vielleicht, dass Knochen trocken und tot sind. In Wahrheit sind sie genau das Gegenteil. So unglaublich es klingt – Knochen bestehen etwa zu einem Viertel aus Wasser.

Die äußere Schicht des Knochens heißt Knochenhaut. Sie ist es, die Brüche repariert. Darunter liegt eine harte Schicht aus Kalziumsalzen, die kompakte Knochenmasse. Sie ist wortwörtlich knochenhart. Zwei Substanzen sorgen für diese Härte: Kalziumkarbonat und Kalziumphosphat. In Verbindung mit dem Protein Collagen werden sie zu Knochen. Die kompakte Knochenmasse schützt den inneren Knochen – und dieser ist löchrig wie ein Schwamm.

Im Schaft mancher größerer Knochen befindet sich weiches Mark, durch das Blutgefäße verlaufen. Hier werden Blutzellen produziert, ganze fünf Milliarden rote Blutkörperchen in nur 24 Stunden. Diese transportieren den lebenswichtigen Sauerstoff durch den Körper. Auch weiße Blutkörperchen, die eindringende Keime abwehren, werden hier produziert. Dank des Marks und des schwammartigen Gewebes sind Knochen zwar fest, aber leicht.

Knochen sind also alles andere als tot. Wenn sie erst ins Museum gelangen, ist nur die harte Schicht übrig, und diese kann tausende von Jahren überdauern.

Der Schädel eines der ersten aufrecht gehenden Menschen überhaupt wurde 1891 auf Java in Indonesien gefunden. Er war 750 000 Jahre alt. Man hat Tierknochen gefunden, die noch viel älter sind: Manche Dinosaurierknochen sind 135 Millionen Jahre alt. Wenn Knochen in Erde oder Schlamm eingeschlossen sind, können sie zu Stein werden und Fossilien bilden. Halte am Strand immer die Augen offen. Vielleicht findest du Versteinerungen eines vor langer Zeit ausgestorbenen Meereslebewesens.

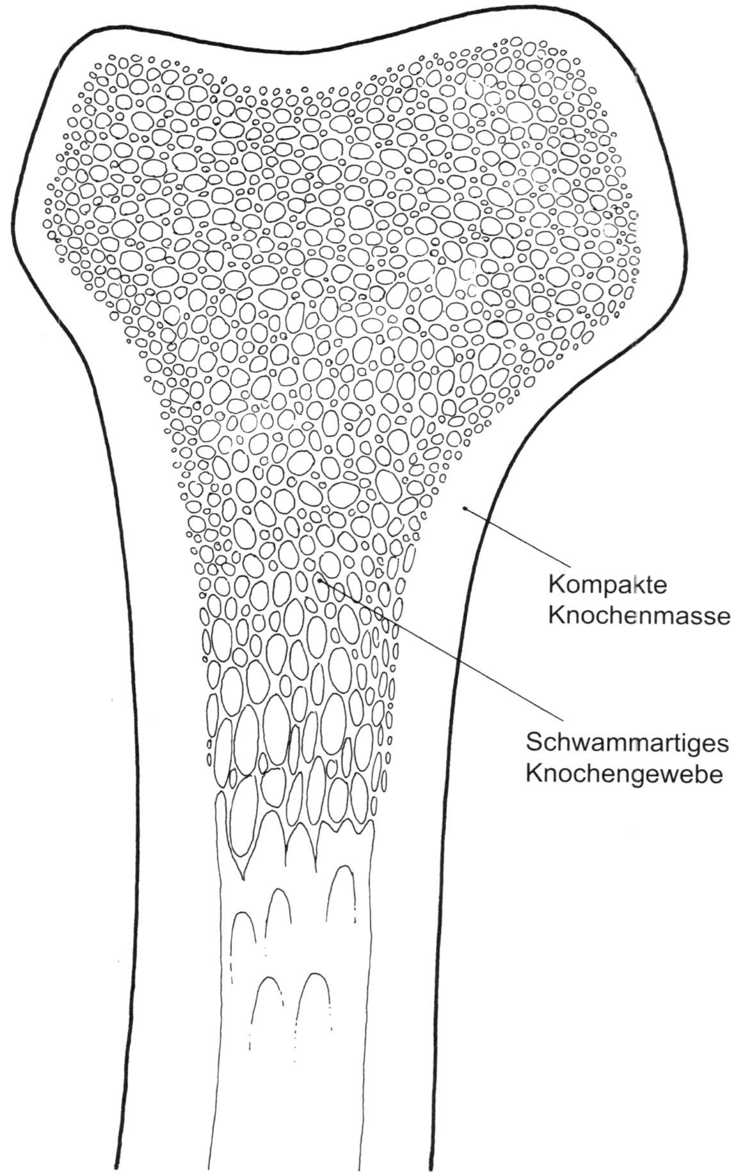

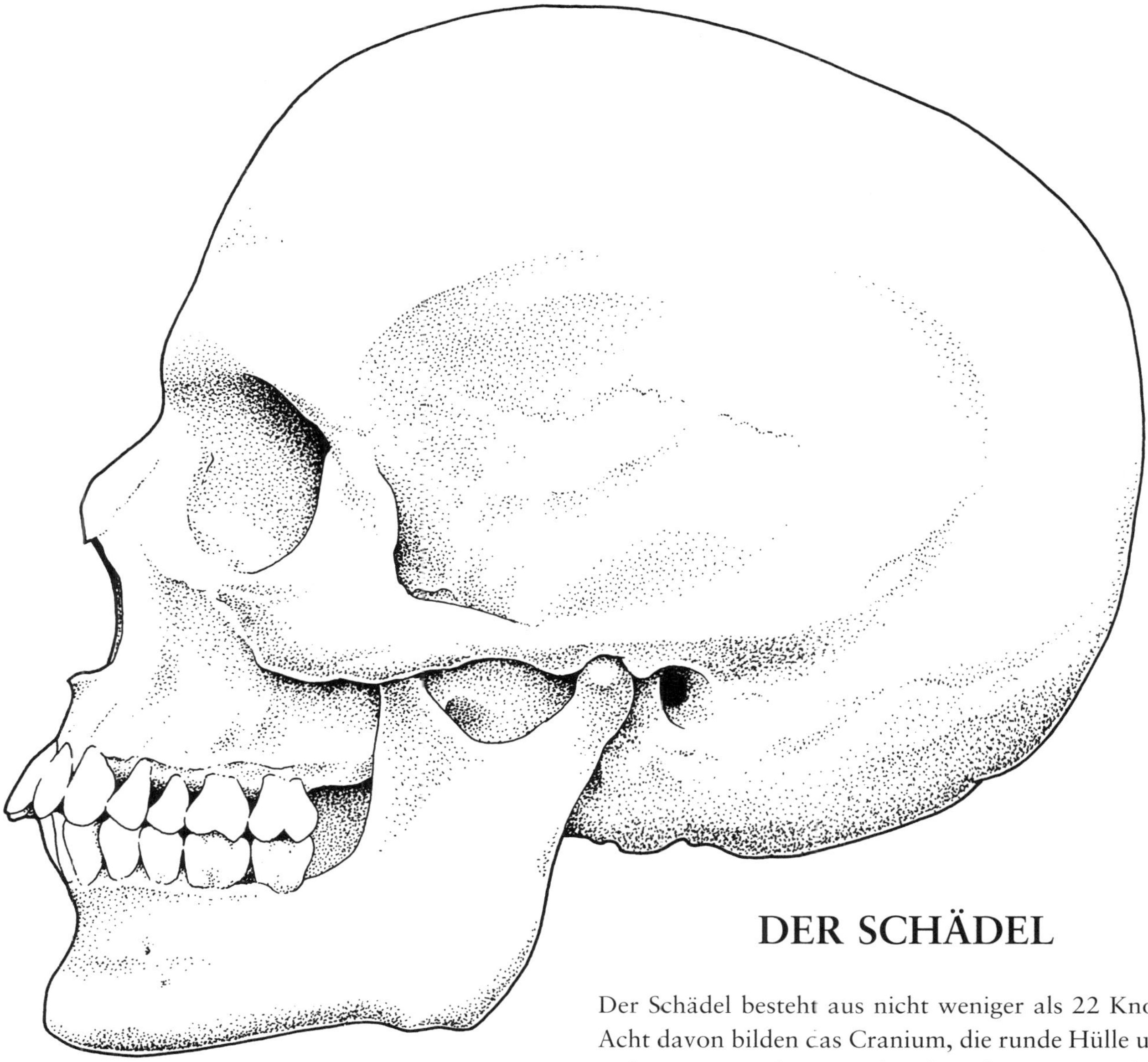

DIE ZÄHNE

Im Kiefer sitzen die Zähne. Ein Erwachsener besitzt 32 Zähne, Kinder haben 20 erste Zähne, Milchzähne genannt. Mit etwa sechs Jahren werden sie durch die bleibenden Zähne ersetzt. Verschieden geformte Zähne erledigen jeweils andere Aufgaben. Die Backenzähne haben eine flache Oberfläche zum Mahlen, die Schneidezähne eine schmale Kante wie ein Messer, und die spitzen Eckzähne können die Nahrung zerreißen.

Der Zahnschmelz, die weiße äußere Schicht, ist die härteste Substanz des Körpers, härter sogar als die kompakte Knochenmasse. Darunter liegt das Zahnbein, das die Nerven und Blutgefäße schützt, die von der Zahnwurzel nach oben wachsen. Der Teil der Zähne oberhalb des Zahnfleischs heißt Zahnkrone, diese muss sich jährlich durch etwa eine halbe Tonne Nahrung regelrecht durchbeißen.

DER SCHÄDEL

Der Schädel besteht aus nicht weniger als 22 Knochen. Acht davon bilden das Cranium, die runde Hülle um das Gehirn. Sie sind mit Zickzack-Nähten ineinander verfugt. Diese verwachsen allmählich miteinander und sind im Alter von 40 Jahren verschwunden.

Bei Babys sind die Schädelknochen noch weich. Das muss so sein, weil ihr Kopf bei der Geburt zusammengedrückt wird, wenn er durch den Geburtskanal der Mutter gepresst wird. Eine Lücke, Fontanelle genannt, ist etwa ein bis zwei Jahre auf dem Kopf des Babys sichtbar. Dann erst ist Knochen darüber gewachsen, und die Schädeldecke ist geschlossen.

Das Gehirn eines Mannes ist etwa um zehn Prozent größer als das einer Frau und wiegt ein bis zwei Kilo. Die Größe des Gehirns hat jedoch nichts mit der Intelligenz zu tun!

Der einzige bewegliche Knochen des Schädels ist der Unterkieferknochen, der zum Sprechen und Essen gebraucht wird. Die Augen liegen geschützt in tiefen Höhlen. Direkt unter den Augen befindet sich ein deutlich sichtbares Loch, durch das Nerven von den Zähnen zum Gehirn führen.

DIE WIRBELSÄULE

Beobachte einmal jemanden, der sich streckt oder sich zu seinen Zehen hinabbeugt – die Knochen der Wirbelsäule sind dann leicht zu sehen. Vom Nacken bis zum Gesäß hat die Wirbelsäule, auch Rückgrat genannt, 33 Knochen, die Wirbel genannt werden. Sie sind miteinander durch Gelenke verbunden, und einige von ihnen bilden eine S-Form. Das Rückgrat ist kräftig und biegsam. Eine Knorpelschicht zwischen den Wirbeln verleiht diesen Beweglichkeit – wie den Gliedern einer Kette. Tagsüber wird die Knorpelschicht zusammengedrückt. In der Nacht entspannt sie sich wieder. Deshalb bist du morgens nach dem Aufstehen größer als abends vor dem Schlafengehen.

Die Aufgabe der Wirbel ist es, das Rückenmark zu schützen. Hier befindet sich der Hauptnerv, der den Körper mit dem Gehirn verbindet. Wenn das Rückenmark beschädigt ist, kann unser Gehirn dem Körper nicht mehr befehlen, zu gehen, zu werfen, zu rennen oder zu fangen. Wir wären zwar noch in der Lage, zu atmen und unsere Nahrung zu verdauen, unsere körperlichen Funktionen wären jedoch stark beeinträchtigt.

Es gibt Tiere, die keine Wirbelsäule besitzen, zum Beispiel Würmer, Weichtiere und Insekten. Andere Tiere haben kein Skelett in ihrem Körper, sondern einen äußeren, schützenden Panzer – ein so genanntes Außenskelett. Anders als die menschlichen Knochen kann es nicht wachsen. Tiere mit Außenskeletten, wie etwa Käfer oder Krebse, müssen den zu klein gewordenen Panzer abstoßen und dann einen größeren bilden. Schildkröten besitzen sowohl ein inneres als auch ein äußeres Skelett, beide wachsen allmählich zusammen. Ihr Schild schützt sie wie ein Stahlpanzer, verhindert aber andererseits ein schnelles Vorankommen.

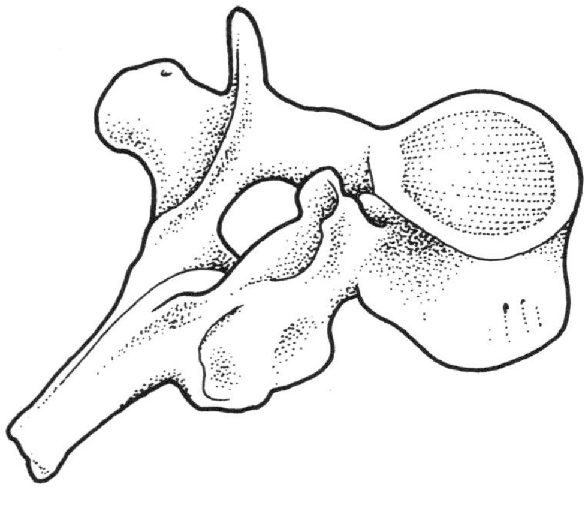

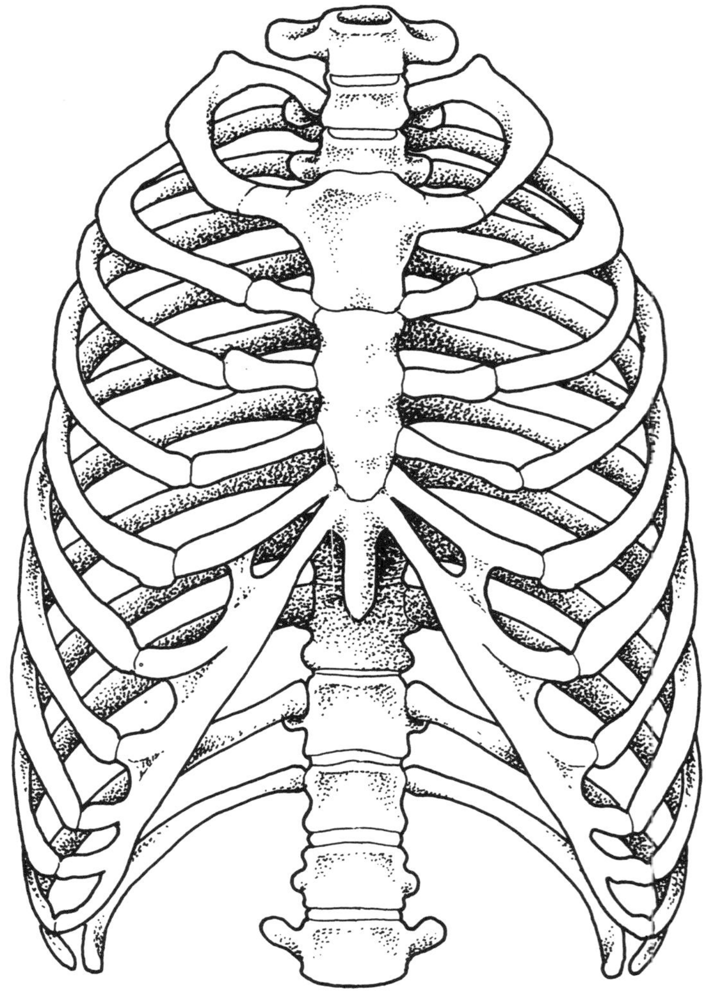

DIE RIPPEN

Direkt unter dem Nacken bis knapp über das Becken wachsen die Rippen seitlich aus der Wirbelsäule heraus. Sie umschließen die Brust und wachsen vorne am Brustbein zusammen, sodass sie einen schützenden Käfig um das Herz, die Lunge und einige wichtige Blutgefäße bilden. Man nennt das auch Brustkorb. Nur die beiden untersten Rippenpaare sind nicht mit dem Brustbein verbunden.

Normalerweise hat man zwölf Rippenpaare. Manche Menschen haben jedoch elf oder dreizehn Paare. Es gibt keine Erklärung dafür, aber es hat auch keinen Einfluss auf die Gesundheit.

Atme einmal tief ein und aus und fühle, wie sich dein Brustkorb hebt und senkt. Der kräftige Herzmuskel pumpt mit seinem regelmäßigen Herzschlag das Blut durch den Körper. Beim Menschen liegt das Herz links im Brustkorb. Wenn der Brustkorb sich dehnt, vergrößert er das Fassungsvermögen der Lungen, und Luft kann einströmen. So unterstützt der Brustkorb auch die Atmung.

WIE GELENKE KNOCHEN VERBINDEN

Obwohl Knochen steif sind, ist das Skelett sehr beweglich. Dies wird durch die Gelenke, Bänder und Knorpel ermöglicht, die die Knochen miteinander verbinden.

Kurze feste Gewebestreifen, die Bänder, verbinden die Knochen miteinander. Die Knorpelschicht liegt an den Enden der Knochen. Babys und Kinder besitzen noch sehr viel Knorpel, der sich im Laufe des Wachstums allmählich in Knochen verwandelt.

Der Knorpel in den Gelenken wird jedoch nicht zu harter Knochensubstanz. Er bildet ein Polster, das es einem Knochen ermöglicht, sich unabhängig von den Nachbarknochen zu bewegen. Zusätzlich ist das Gelenk von Gelenkflüssigkeit umgeben, die von einer dünnen Haut – einer Membran – umschlossen wird. Diese Flüssigkeit schmiert das Gelenk wie Öl, damit unsere Knochen nicht aneinander reiben. Unser Körper besitzt über 200 Gelenke, fast eines für jeden Knochen.

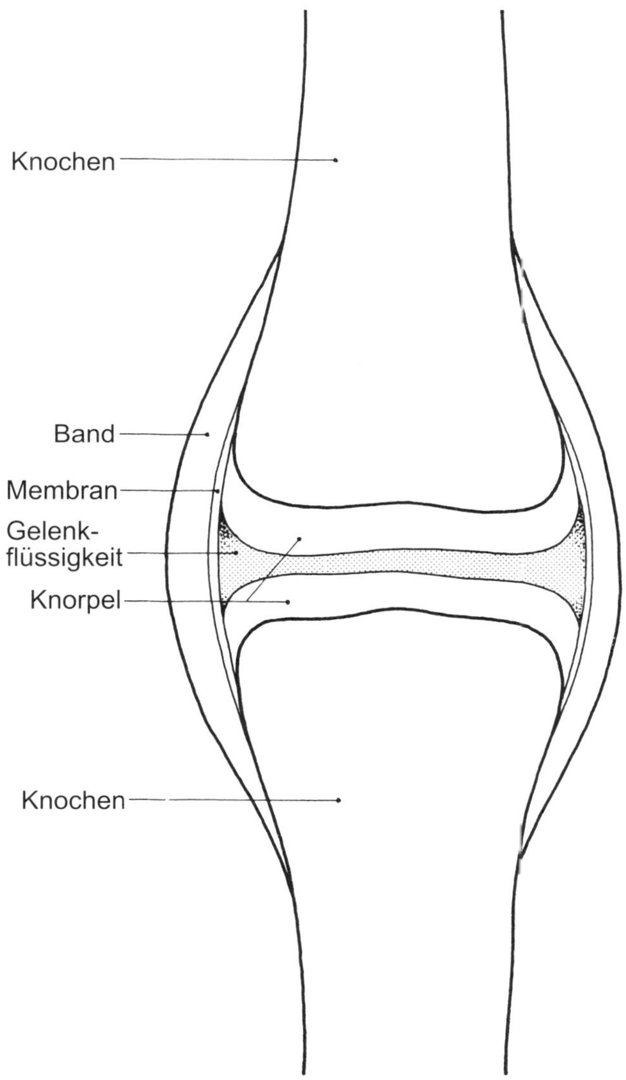

KNOCHEN UND MUSKELN

Jeder Mensch hat Muskeln, nicht nur Sportler. Insgesamt besitzen wir etwa 650 Muskeln. Dadurch können wir uns bewegen und unseren Gesichtsausdruck verändern. Zum Lächeln benötigen wir 17 Muskeln, zum Stirnrunzeln 43.

Um die Muskeln in deinem Gesicht zu spüren, lege beim Sprechen die Fingerspitzen neben die Augen.

Die Muskeln direkt unter der Haut werden willkürliche Muskeln genannt – sie tun, was unser Gehirn ihnen befiehlt. Jeder Muskel besteht aus langen, schmalen Zellen, so genannten Fasern, die gebündelt und von einer Membran umgeben sind. Zwischen den Fasern befinden sich Nerven und winzige Blutgefäße, Kapillaren genannt. Die Nerven transportieren die Signale vom Gehirn zu den Muskeln und bestimmen, wie und wohin sie sich bewegen sollen. Eine Sehne verankert die Muskeln am Knochen. Wenn sich der Muskel zusammenzieht und dadurch kürzer wird, setzt er den Knochen in Bewegung. Manche Muskeln, wie die Oberarmmuskeln, arbeiten paarweise zusammen. Um den Unterarm zu heben, verkürzt sich der Bizeps am Oberarm, und der Trizeps entspannt sich. Wird der Arm gestreckt, arbeiten die Muskeln umgekehrt. Muskeln, die eine Gliedmaße beugen, heißen Beuger, und diejenigen, die sie ausstrecken, nennt man Strecker. Die Muskeln bedecken deinen Körper wie ein Netz und arbeiten mit dem Skelett zusammen. Sie können ziehen, aber nicht schieben.

Muskeln sind schwer. Ihr Gewicht macht ein Drittel bis die Hälfte unseres Körpergewichts aus. Die größten Muskeln befinden sich in unseren Beinen, im Gesäß und in den Armen. Der kleinste Muskel – er misst gerade mal einen Zentimeter – sitzt in unserem Ohr. Weitere Muskeln befinden sich im Verdauungssystem, z. B. im Magen und im Darm, in der Lunge, den Augen und der Blase. Über sie haben wir jedoch keine Kontrolle; deshalb heißen sie unwillkürliche Muskeln.

Der stärkste Muskel ist der Herzmuskel. Er ist anders aufgebaut als die Muskeln, die wir für unsere Bewegungen brauchen. Seine Fasern sind nicht ordentlich gebündelt, sondern verlaufen über Kreuz und verzweigt.

Die meisten Muskeln der einen Körperhälfte sind spiegelgleich mit denen der anderen. Ein Muskel im linken Arm etwa hat einen entsprechenden Partner im rechten Arm. Muskeln sind nicht nur mit dem Knochen, sondern auch mit der Haut und manchmal sogar mit anderen Muskeln verbunden, sodass sie besonders kräftig sind. Muskeln können flach, bandförmig, fächerförmig oder gedreht sein.

Mithilfe der Muskeln in den Wangen kannst du beißen und kauen. Eine weitere Muskelgruppe verläuft – ausgehend von den Schläfen – zwischen Augen und Ohren. Sie verleiht für das Kauen zusätzliche Kraft. Wenn du die Zähne fest zusammenbeißt, spürst du diese Muskeln.

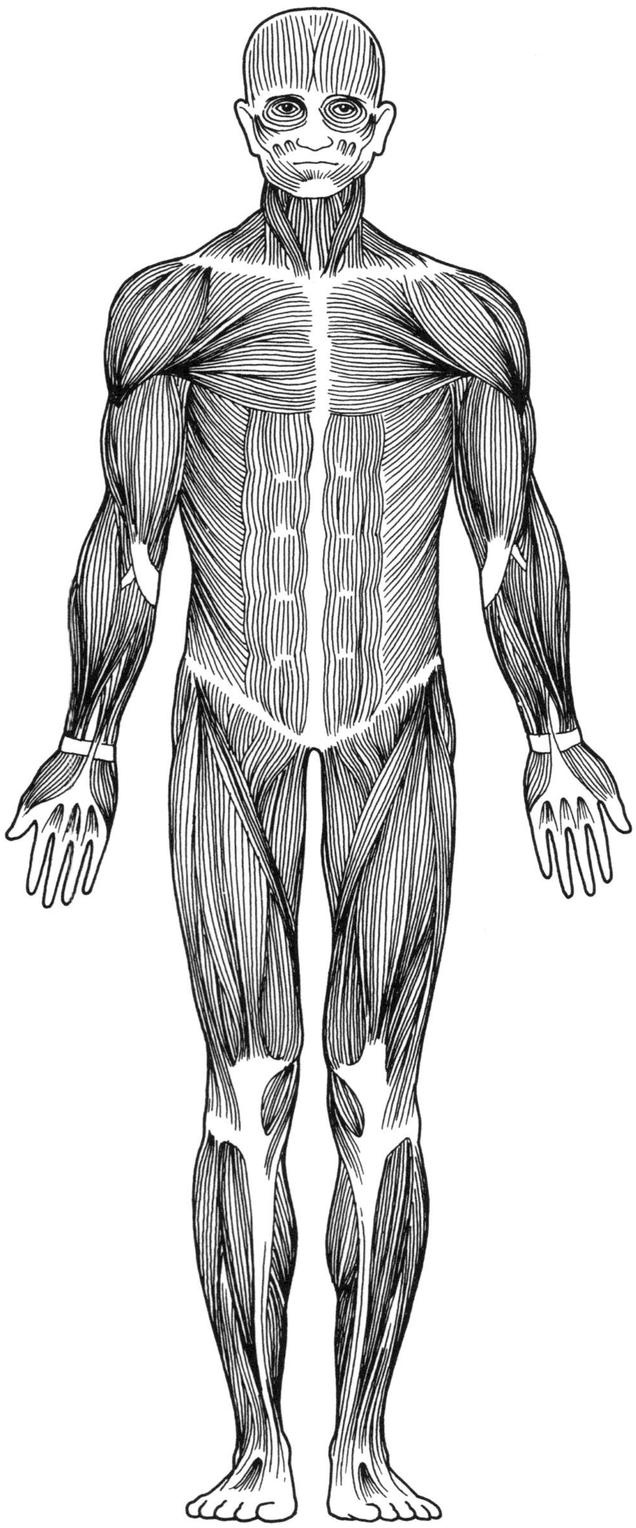

DAS RADGELENK

Der Kopf ist durch ein Radgelenk mit der Wirbelsäule verbunden. Es sieht aus wie ein Ring, der genau auf einen Pflock passt. Dieses Gelenk ermöglicht dir, deinen Kopf auf und ab und von einer Seite auf die andere zu drehen.

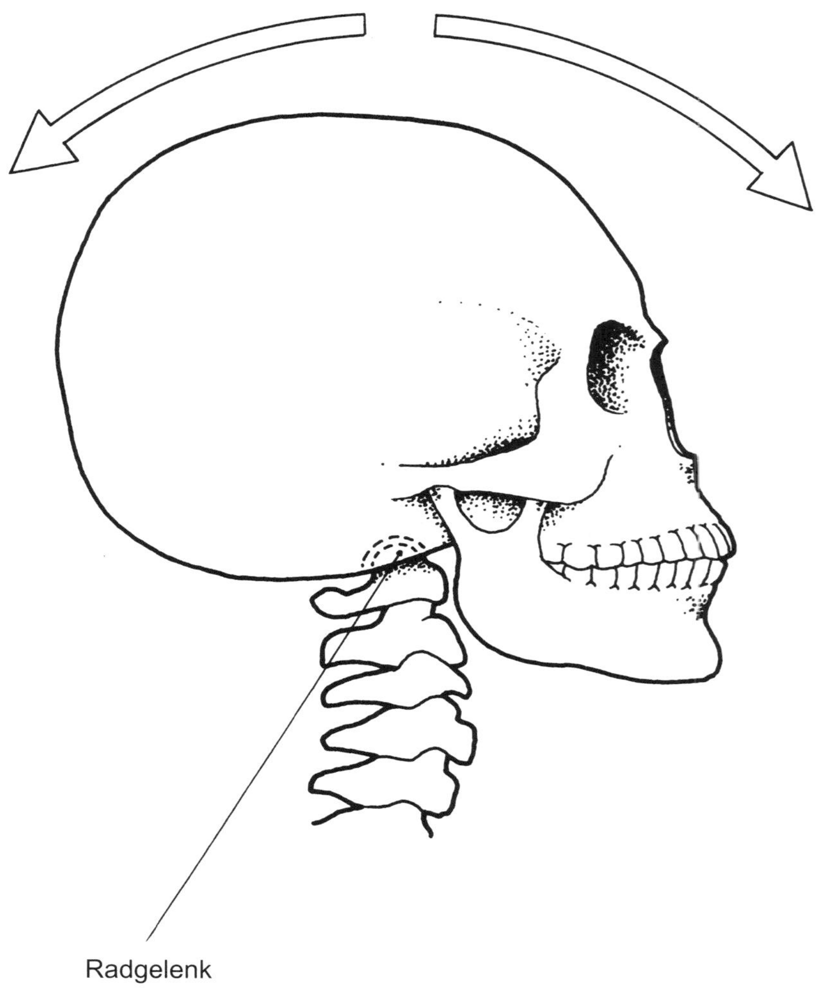

DAS SATTELGELENK

Daumen und Hand verbindet das Sattelgelenk. Es ermöglicht, den Daumen zur Seite sowie vor und zurück zu bewegen und dadurch zu greifen. Wir benötigen unsere Hände für zahllose Tätigkeiten. Deshalb besitzt eine Hand über 50 Knochen – fast ein Viertel aller Knochen insgesamt. Doch wäre der Daumen nicht so beweglich, könnten wir unsere Hände nur sehr eingeschränkt benutzen.

DAS KUGELGELENK

Das obere Ende des Oberschenkelknochens bildet eine Kugel, die in eine Gelenkpfanne im Beckenknochen passt. Dieses Gelenk ermöglicht es dir, deine Beine in alle Richtungen zu bewegen, wie den Joystick eines Computers. Es verleiht mehr Bewegungsfreiheit als jedes andere Gelenk im Körper.

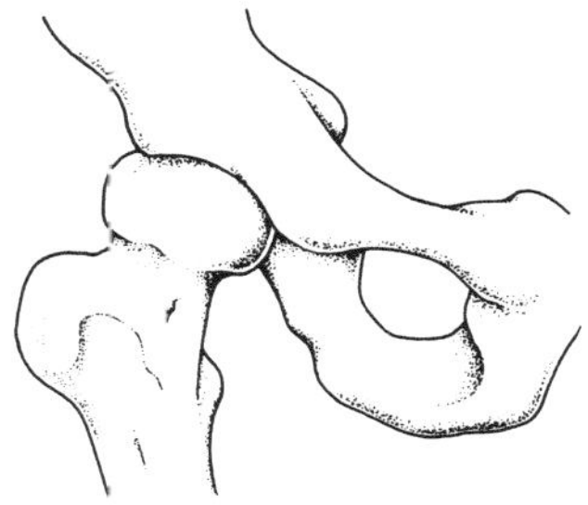

DAS SCHARNIERGELENK

Alle Finger haben Scharniergelenke. Die besten Beispiele sind jedoch der Ellbogen und das Knie. Das Scharniergelenk erlaubt nur die Bewegung nach vorne oder hinten, genau wie das Scharnier einer Tür.

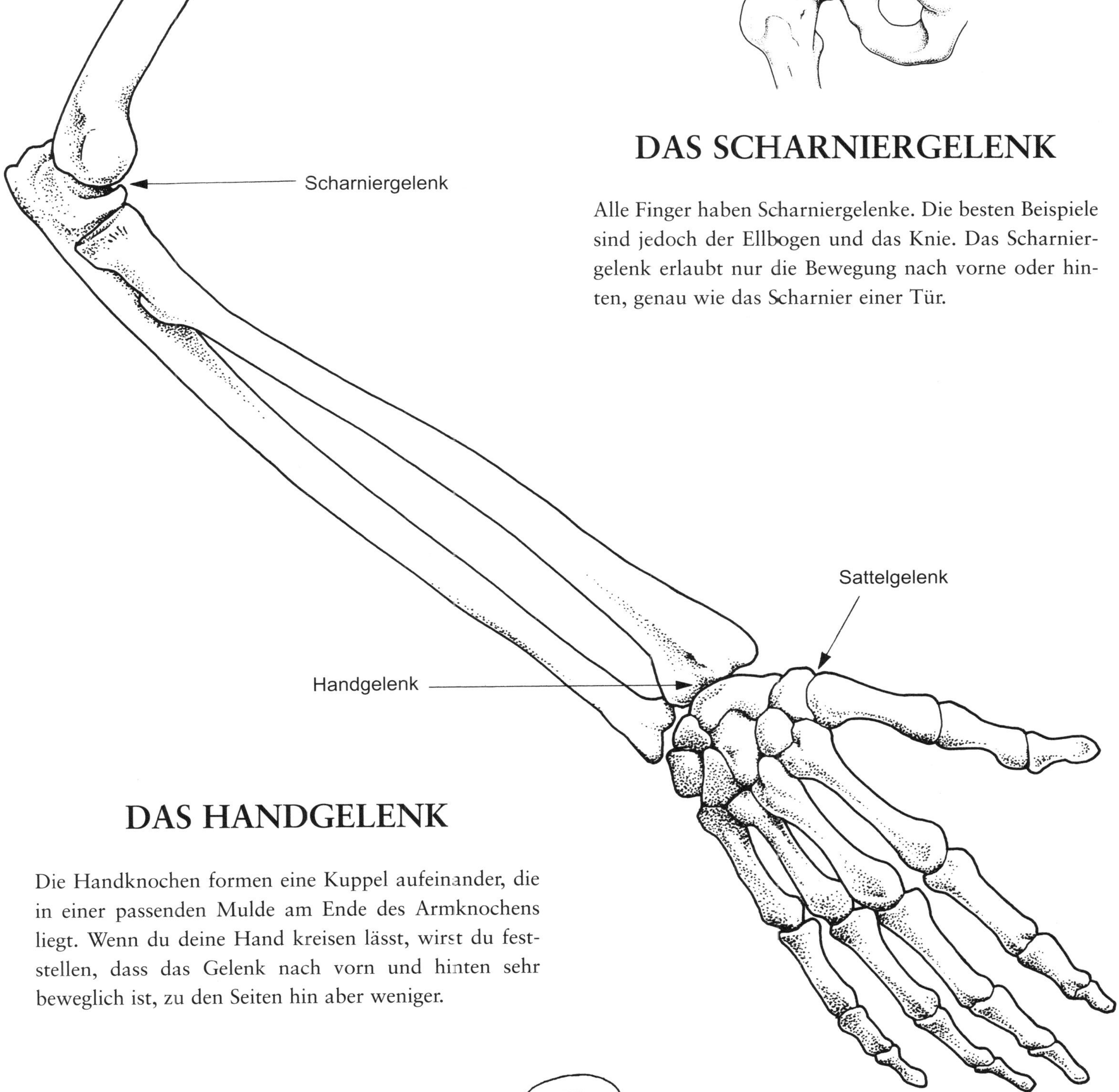

DAS HANDGELENK

Die Handknochen formen eine Kuppel aufeinander, die in einer passenden Mulde am Ende des Armknochens liegt. Wenn du deine Hand kreisen lässt, wirst du feststellen, dass das Gelenk nach vorn und hinten sehr beweglich ist, zu den Seiten hin aber weniger.

SO WIRD DAS SKELETT ZUSAMMENGEBAUT

BEACHTE BITTE, DASS SICH DIE ANGABEN „RECHTS“ UND „LINKS“ AUF DIE ANSICHT DES SKELETTS VON VORN BEZIEHEN.

Du benötigst ein einfaches Bastelmesser, eine kleine Schere, ein Stück Schnur und einen Kugelschreiber, der nicht mehr schreibt, sowie eine kleine Tube Alleskleber. (Mit ihm bestreichst du die gekennzeichneten Flächen und lässt sie einige Minuten trocknen.) Außerdem brauchst du Büroklammern, um einzelne Teile zu fixieren, bis der Kleber angetrocknet ist.

Arbeite an einem hellen Platz, an dem du die Teile deines Modells liegen lassen kannst. Benutze ein Schneidebrett aus Plastik oder ein dickes Stück Karton, um den Tisch zu schützen.

Lies die Anleitung durch und sieh dir die Zeichnungen erst einmal genau an. Beginne mit dem Ausschneiden erst, wenn du die einzelnen Schritte des Zusammenbaus verstanden hast. Du kannst dich auch an dem Skelett auf der Titelseite orientieren.

Schneide die Teile erst dann aus, wenn du sie benötigst. Schneide langsam entlang der durchgezogenen schwarzen Linien. Übe nur so viel Druck aus, wie du benötigst, um den Karton durchzuschneiden.

Kerbe die gepunkteten Linien mit dem Kugelschreiber ein. Ziehe die Linie erst leicht nach, um sie zu markieren. Dann ziehe sie nochmals nach, um die Kerbe zu vertiefen. Probiere dies zuerst auf einem Stück alter Pappe aus.

Trage den Kleber nicht direkt aus der Tube auf. Verwende einen Streifen dicke Pappe wie eine schmale Bürste, um den Kleber genau auf die schraffierten weißen Bereiche aufzutragen, wo er benötigt wird. Hier werden die einzelnen Teile aufeinander gesetzt.

Lege dir die Teile zurecht, bevor du sie festklebst. Lass dir Zeit dabei. Lege anschließend das Skelett flach aus. Das fertige Modell hängst du dann an der Aufhängung hinten am Schädel auf.

Zum Schluss biegst du alle Arm- und Beinknochen zurecht.

SCHRITT 1

Schneide die Schädeloberseite aus. Schneide die durchgehenden Linien bei A, B und C ein, bestreiche die markierten Felder mit Kleber und klebe die Flächen übereinander. Die Oberfläche sollte glatt sein.

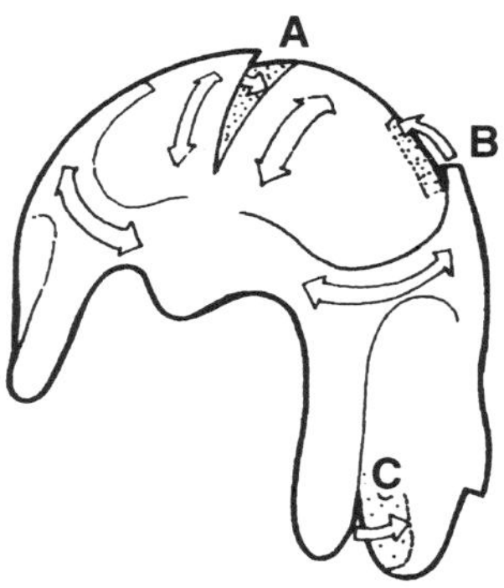

SCHRITT 2

Schneide das Gesicht aus und biege es in Form. Lege die Oberkanten bei A aufeinander und klebe sie fest. Schneide die Nase aus, falte sie wie abgebildet und klebe sie von hinten in die Nasenöffnung.
Schneide beide Wangen (B) aus, falte Falz C nach innen und klebe sie von hinten ins Gesicht.

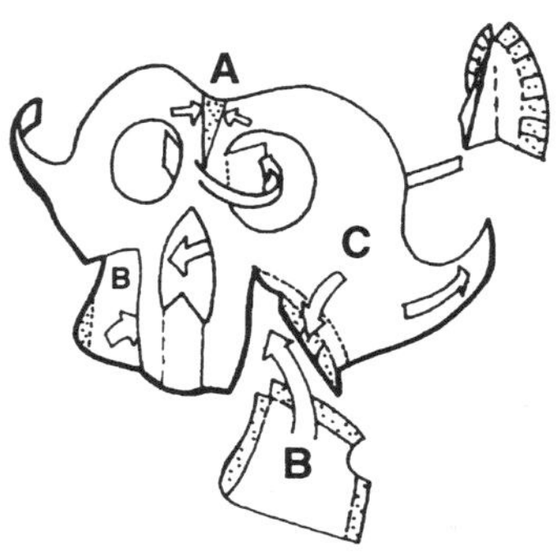

SCHRITT 3

Schneide den Kiefer aus und forme ihn in Pfeilrichtung. Klebe bei A und B.

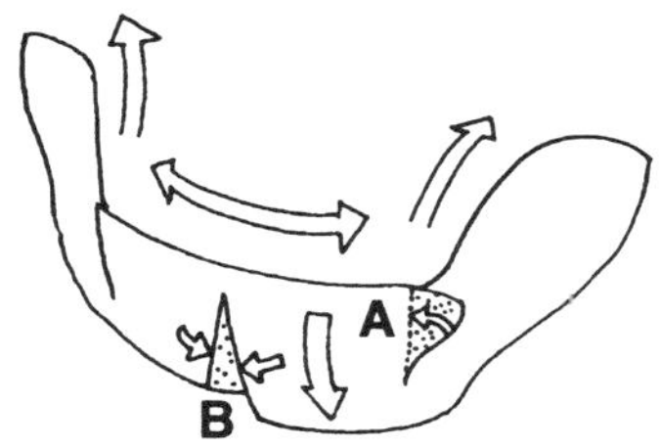

SCHRITT 4

Setze die drei Teile wie abgebildet zusammen. Lege die Oberkante des Gesichts bei A an die Schädeldecke und klebe sie fest.
Lege die beiden Seiten des Gesichts bei B und C an und klebe sie fest.
Lass eine Lücke von 3–5 mm zwischen Kiefer und Gesicht und klebe bei D.

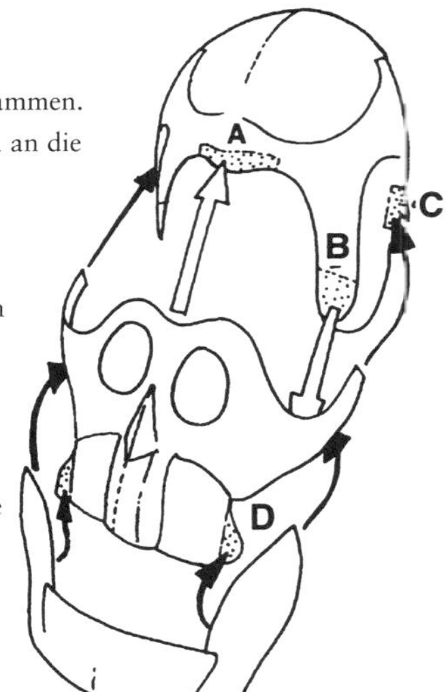

Klebe den Schädelhalter von hinten in den oberen Teil des Schädels. Drücke die Aufhängerlasche heraus. Die obere Spitze der Wirbelsäule wird später auf das markierte Feld unter dem Aufhänger geklebt. Dann kannst du die beiden markierten Stellen zu beiden Seiten des Kinns durchstechen und ein Stück Schnur hindurchziehen. Wenn du sie hinten zusammenbindest, erhält der Kiefer seine plastische Form.

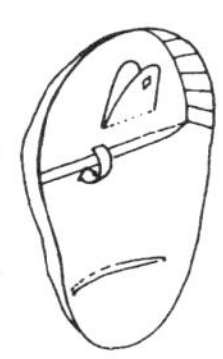

SCHRITT 5

Schneide die Brustbeinstütze, das Brustbein, die Bruststütze und die beiden Hälften der Wirbelsäule aus. Schneide die beiden Schlitze A und B auf der Brustbeinstütze ein, falte sie in Form und klebe sie wie abgebildet längs auf die Rückseite des Brustbeins.

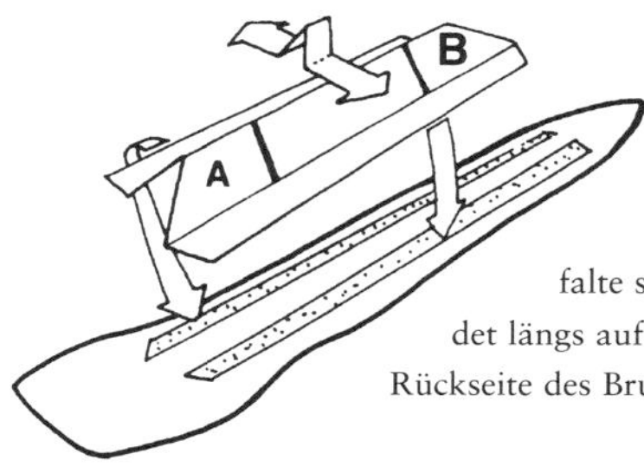

SCHRITT 6

Verklebe die beiden Hälften der Wirbelsäule bei B und die obere Hälfte hinten am Schädel unterhalb der Aufhängerlasche bei A. Falte und klebe die Bruststütze in Schachtelform. Schiebe die Laschen von vorn durch die beiden Schlitze im Rückgrat und klappe sie hinten (C) flach um. Sie werden nicht angeklebt.

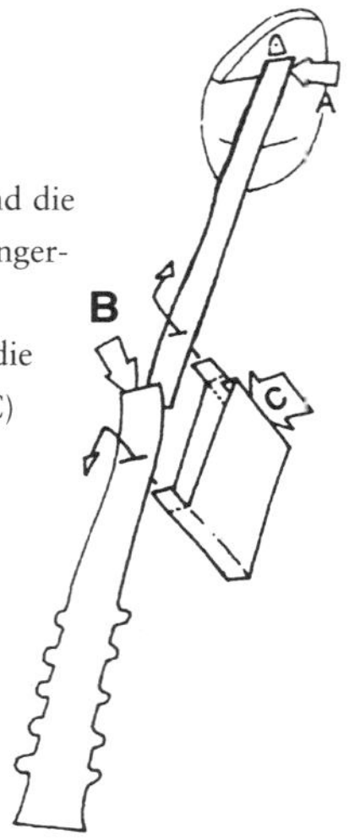

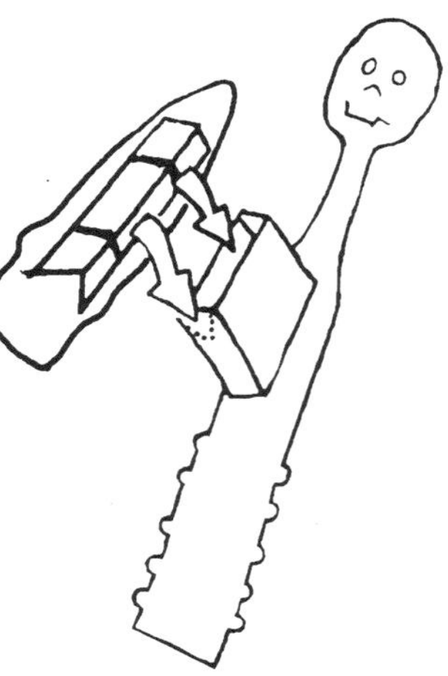

SCHRITT 7

Drehe das Rückgrat um, mit dem Kopf nach oben, und setze die Brustbeinstütze mit dem Brustbein auf die Bruststütze. Die Schlitze der Brustbeinstütze werden dabei auf die Kanten der Bruststütze gesteckt, wie auf der Abbildung zu sehen ist.

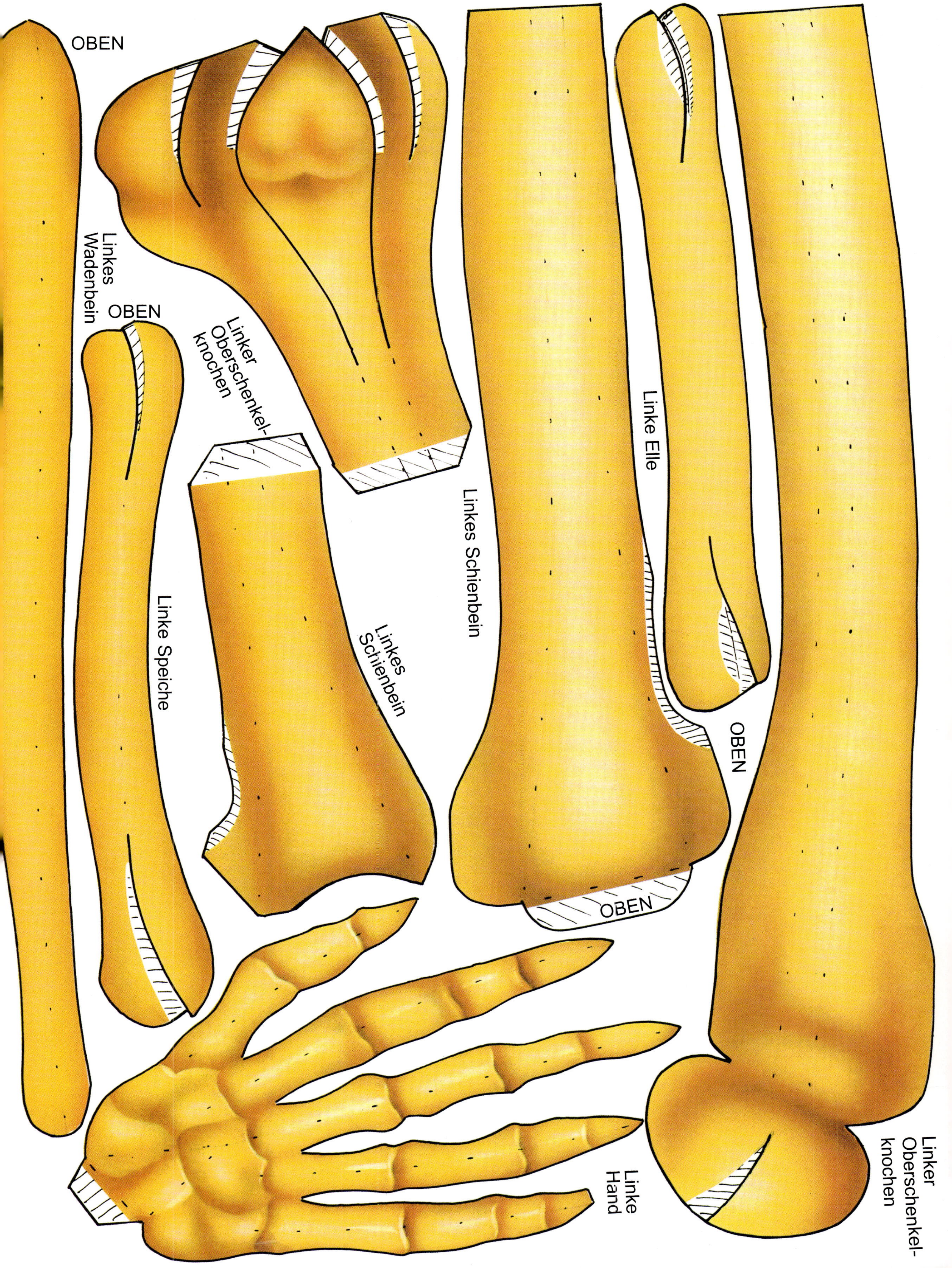
OBEN
Linkes Wadenbein
OBEN
Linker Oberschenkel-knochen
Linke Speiche
Linkes Schienbein
Linkes Schienbein
Linke Elle
OBEN
OBEN
Linke Hand
Linker Oberschenkel-knochen

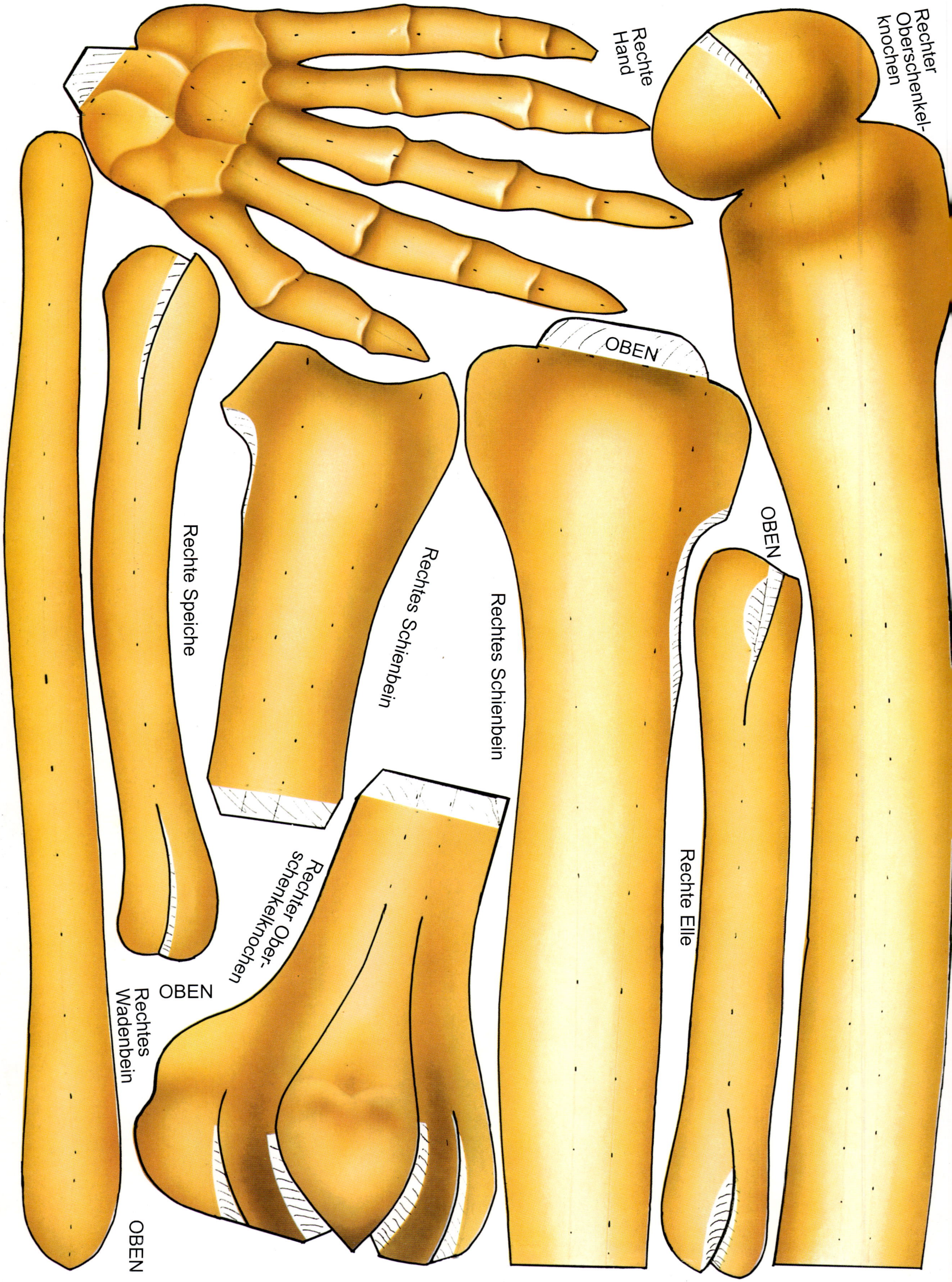
Rechte Hand
Rechter Oberschenkel-knochen
Rechte Speiche
Rechtes Schienbein
OBEN
Rechtes Schienbein
OBEN
Rechte Elle
Rechter Ober-schenkelknochen
OBEN
Rechtes Wadenbein
OBEN

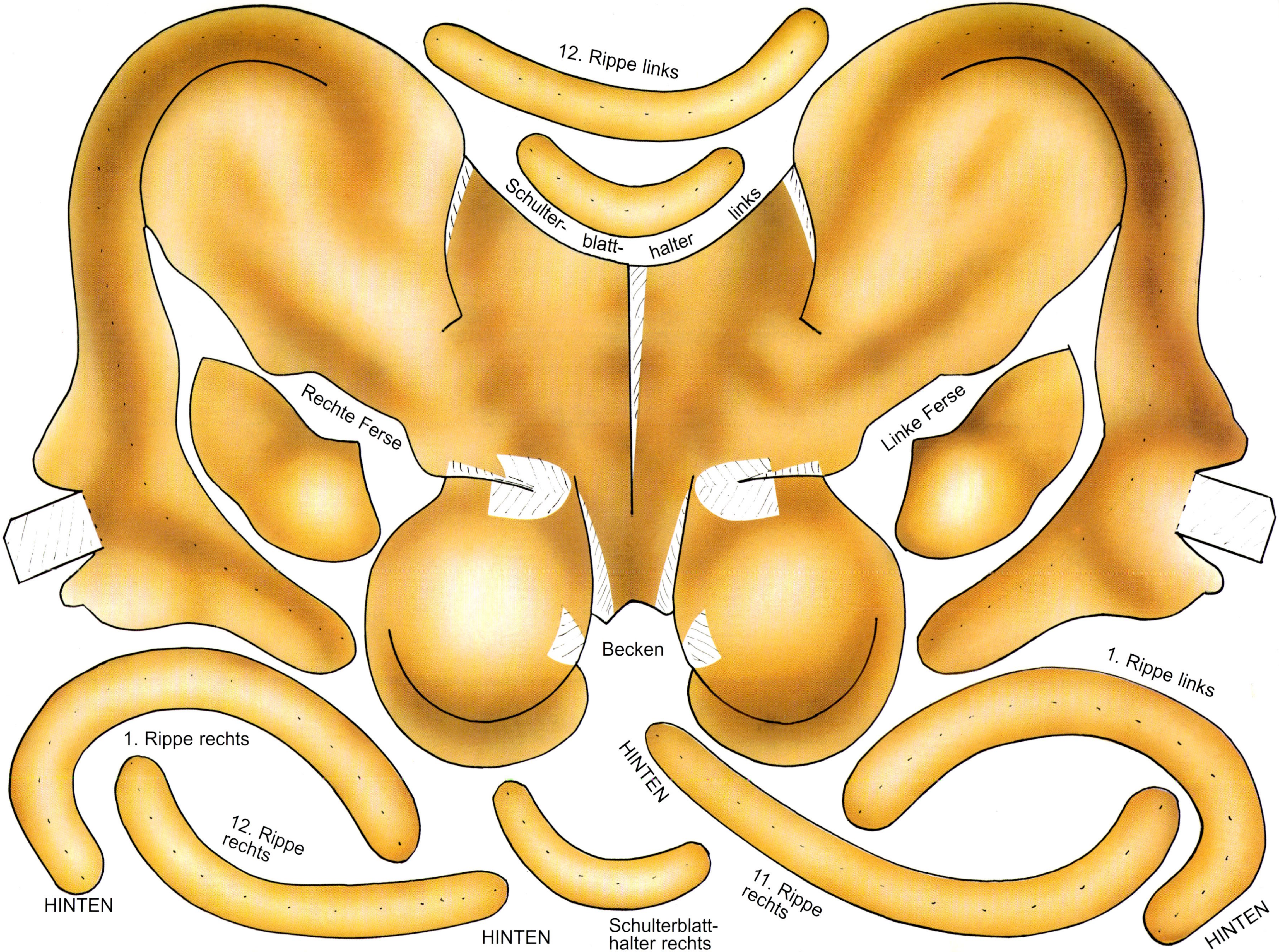
12. Rippe links
Schulter- blatt- halter links
Rechte Ferse
Linke Ferse
Becken
1. Rippe links
1. Rippe rechts
HINTEN
12. Rippe rechts
HINTEN
Schulterblatt-
halter rechts
11. Rippe rechts
HINTEN
HINTEN

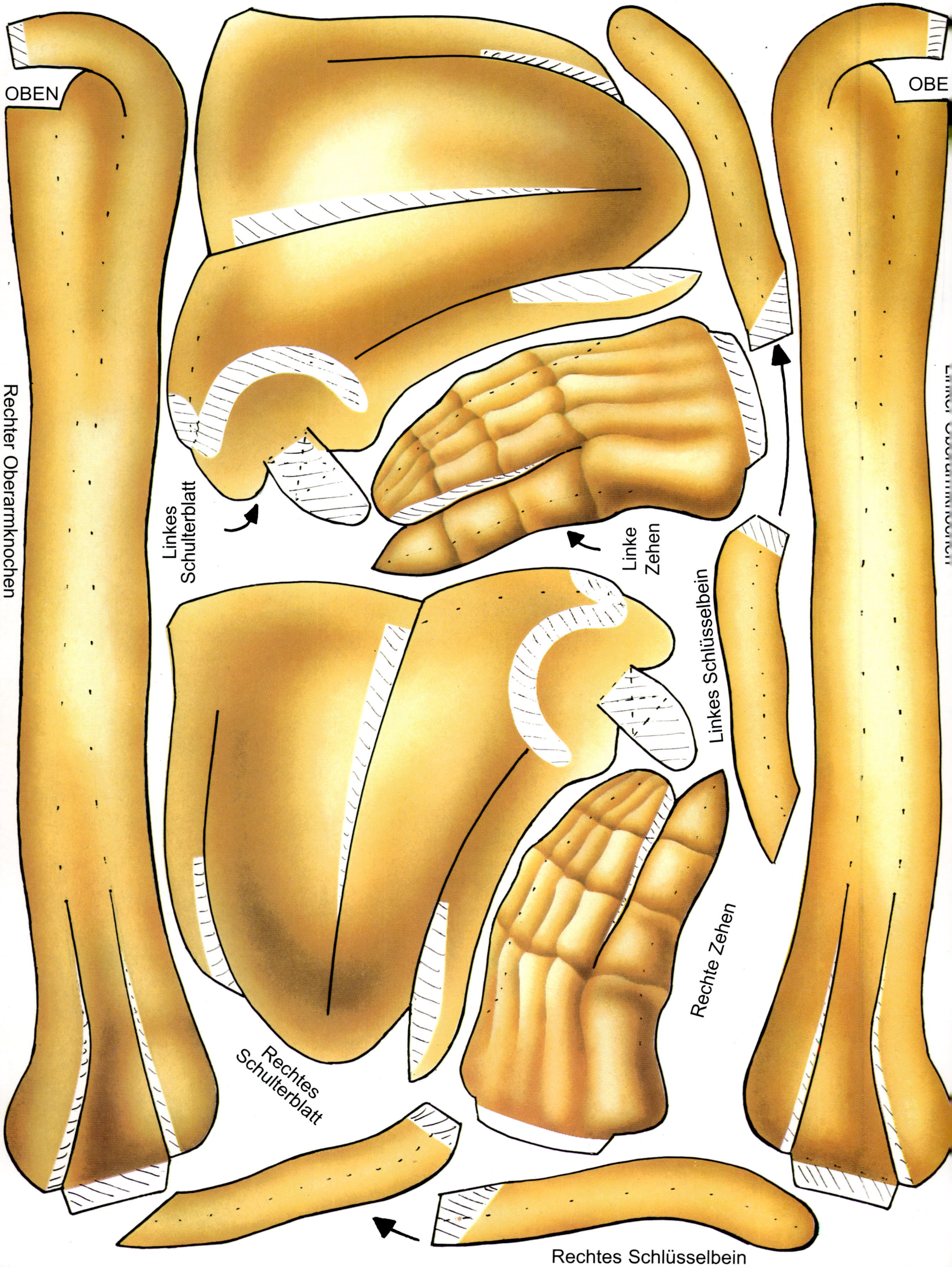
OBEN
Rechter Oberarmknochen
Linkes Schulterblatt
Linke Zehen
Linkes Schlüsselbein
OBE
Rechte Zehen
Rechtes Schulterblatt
Rechtes Schlüsselbein

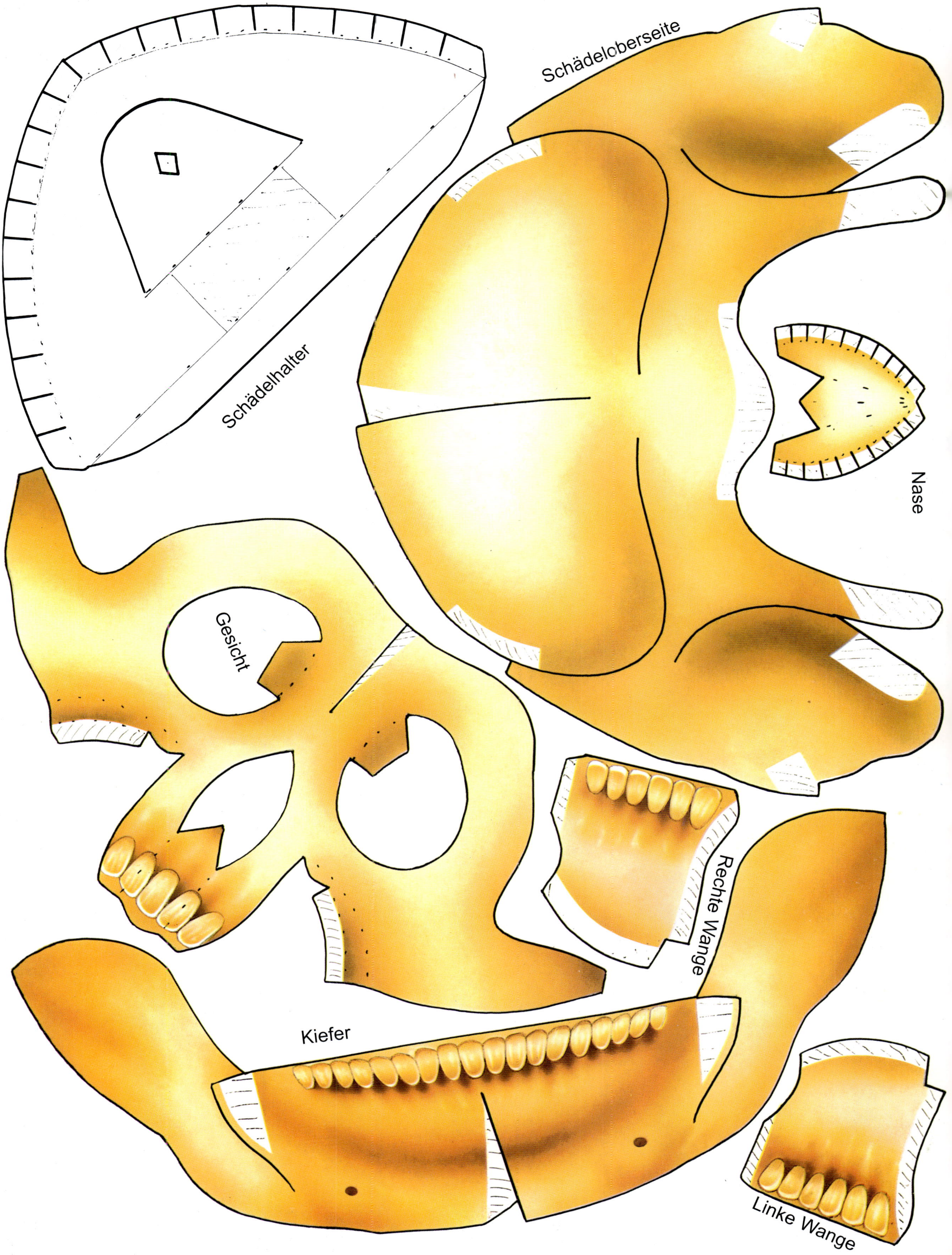

Schädelhalter
Schädeloberseite
Nase
Gesicht
Rechte Wange
Kiefer
Linke Wange

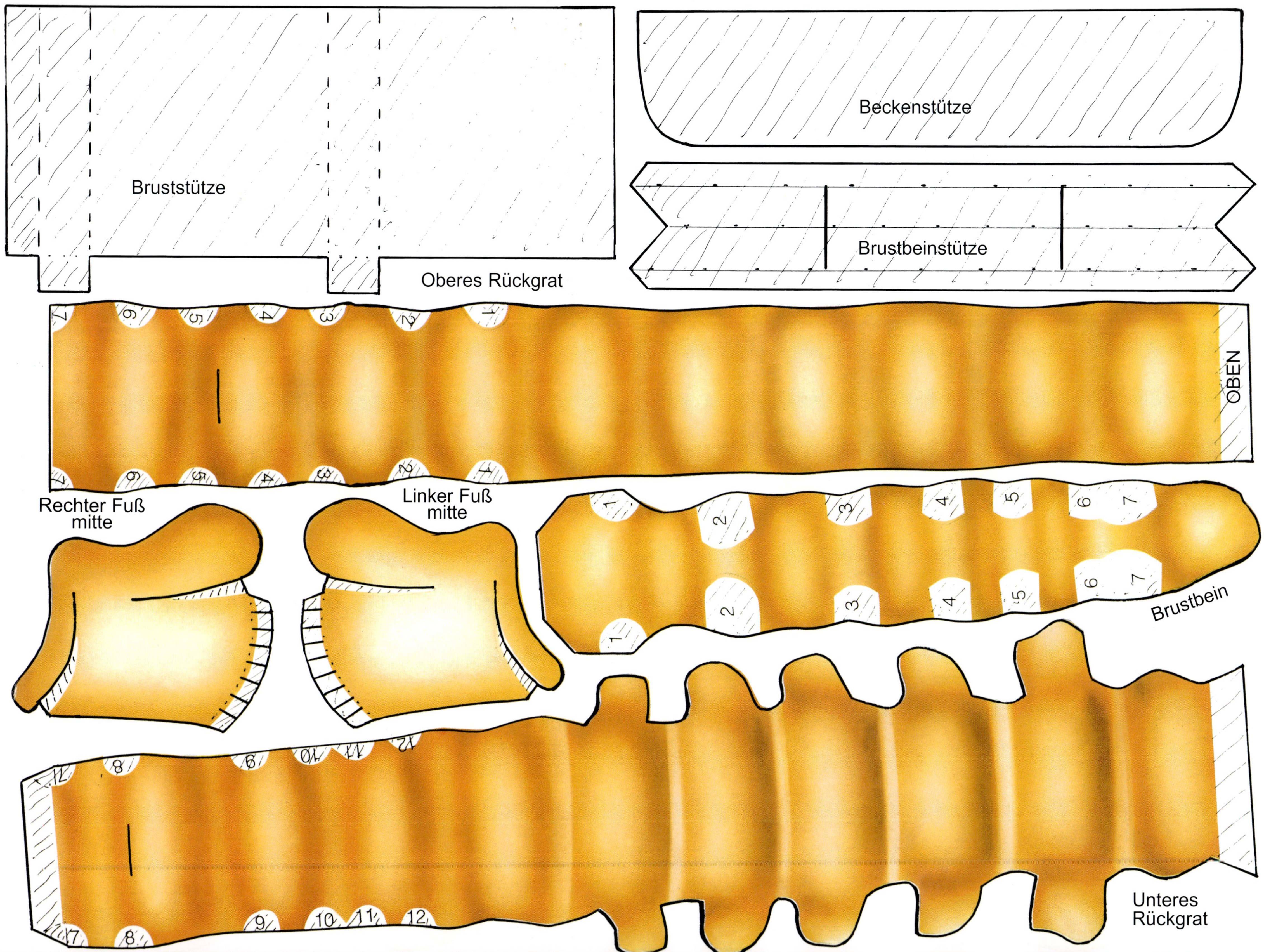
Bruststütze
Beckenstütze
Brustbeinstütze
Oberes Rückgrat
OBEN
Rechter Fuß mitte
Linker Fuß mitte
Brustbein
Unteres Rückgrat

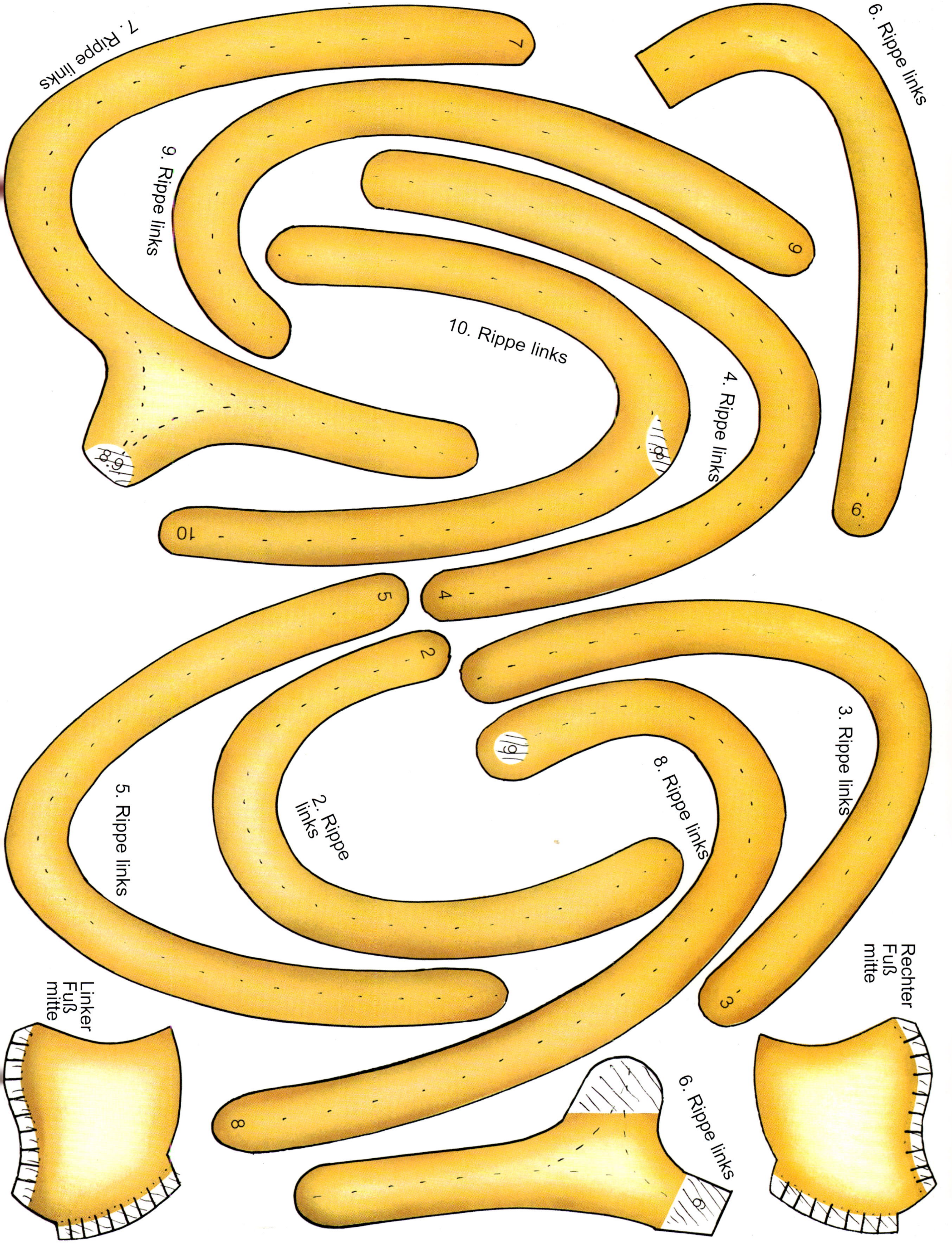
7. Rippe links
7
6. Rippe links
9. Rippe links
9
10. Rippe links
4. Rippe links
6.
10
5
4
2
3. Rippe links
8. Rippe links
2. Rippe links
5. Rippe links
Rechter Fuß mitte
Linker Fuß mitte
3
8
6. Rippe links

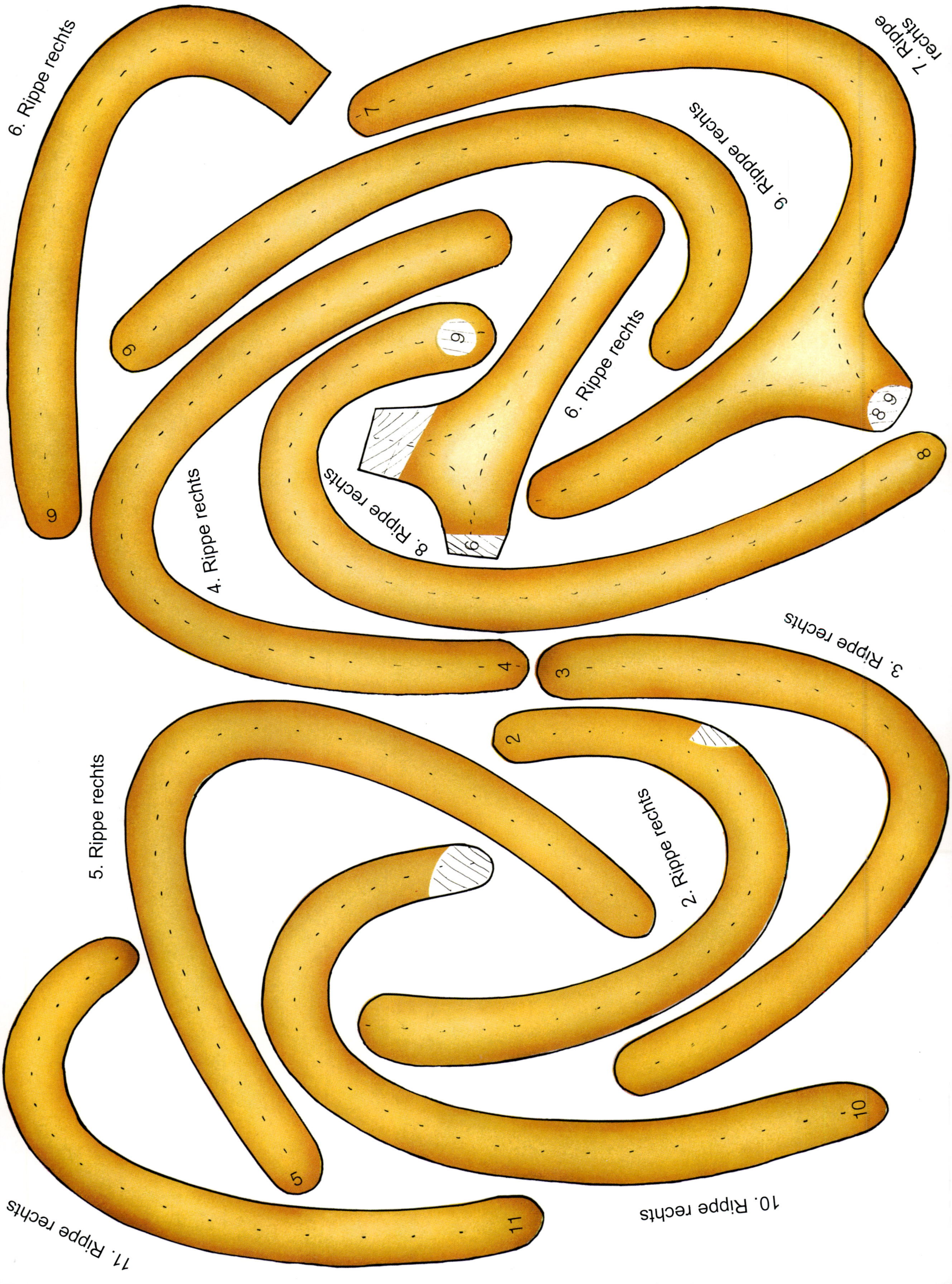

6. Rippe rechts
7. Rippe rechts
9. Rippe rechts
6. Rippe rechts
8. Rippe rechts
4. Rippe rechts
6. Rippe rechts
3. Rippe rechts
5. Rippe rechts
2. Rippe rechts
10. Rippe rechts
11. Rippe rechts

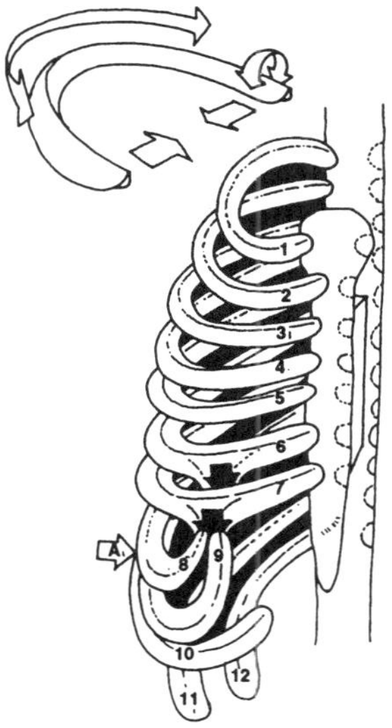

SCHRITT 8

Schneide die Rippen aus. Sie sind nummeriert. Kerbe die Rippen entlang der gepunkteten Linien ein und biege sie in U-Form wie abgebildet.
Klebe die Rippen 1–7 paarweise an das Brustbein. Die Position der Rippen ist auf der Wirbelsäule und auf dem Brustbein markiert. Das Rippenende mit der Zahl wird jeweils an die entsprechende Position auf der Wirbelsäule geklebt. Das Brustbein befindet sich aufrecht in der Mitte des Skeletts.
Klebe dann die beiden Teile von Rippe 6 aneinander. Klebe sie mit der Lasche an Rippe 7. Klebe erst Rippe 8 an die mittlere Spitze von 7, dann Rippe 9 darüber.
Rippe 10 wird bei A an die Außenkante von 8 geklebt. Die Rippen 11 und 12 werden wie die anderen an die Wirbelsäule geklebt, aber wie abgebildet positioniert und geformt.
Wenn die Rippen angetrocknet sind, entferne die beiden hinteren Laschen von der Bruststütze, indem du den Brustkorb leicht hochhebst.

SCHRITT 9

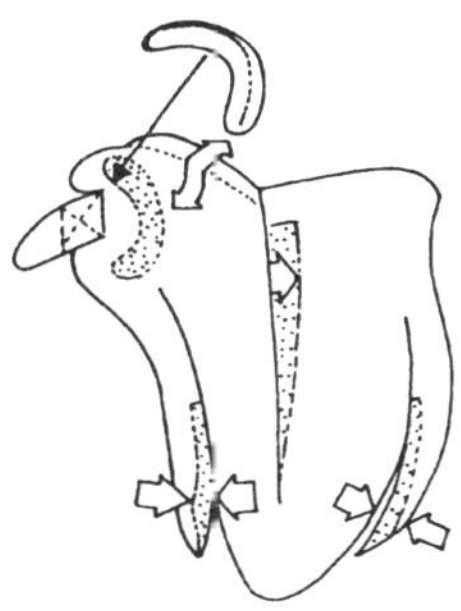

Schneide die Schultern und die Schulterblatthalter aus. Schneide die schwarzen Linien ein und klebe die Schultern dann in Form. Kerbe die Schulterblatthalter wie die Rippen ein und klebe sie wie abgebildet in Position. Schneide die Schlüsselbeinknochen aus, kerbe sie ein und forme sie wie die Rippen.

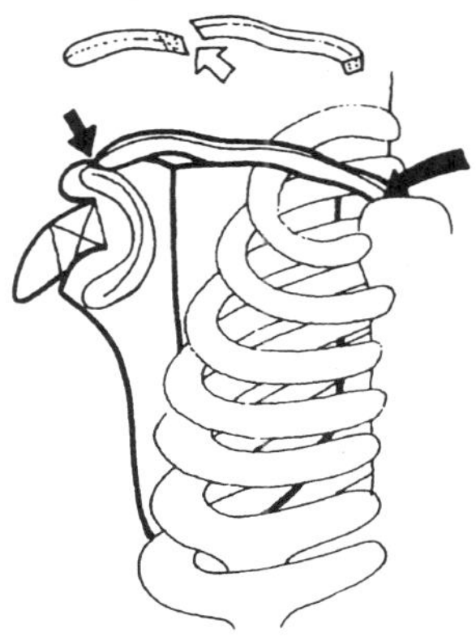

SCHRITT 10

Klebe die obere rechte Ecke des linken Schulterblatts an die Oberkante von Rippe 2, 15 mm links von der Wirbelsäule, und positioniere es wie abgebildet. Klebe die Unterkante des Schulterblatts an die nächstliegende Rippe.
Gehe beim rechten Schulterblatt genauso vor. Klebe die beiden Teile des linken und rechten Schlüsselbeins jeweils wie abgebildet zusammen und befestige sie anschließend an Schulterblättern und Brustbein.

SCHRITT 11

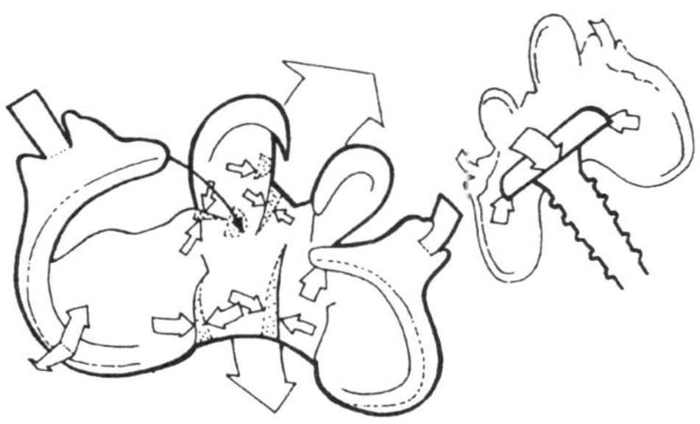

Schneide das Becken aus und die schwarzen Linien ein. Bestreiche die weißen Bereiche mit Kleber und biege das Becken. Knicke die beiden Seitenstreifen wie die Rippen und klebe sie auf die Felder in der Mitte des Beckens. Klebe den unteren Falz der Wirbelsäule auf die Rückseite des Beckens und die Beckenstütze darüber.

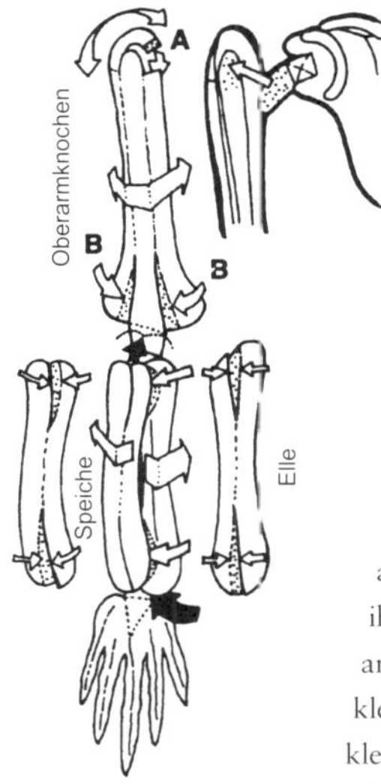

SCHRITT 12

Schneide alle linken Arm- und Handknochen aus und die schwarzen Linien ein.
Knicke die langen Faltlinien am Oberarmknochen in Form, biege den Streifen oben um und klebe ihn bei A an. Klebe die unteren Streifen bei B zusammen. Knicke die mittleren Faltlinien von Elle und Speiche. Die oberen Enden der Knochen müssen oben liegen. Klebe die Speiche an die Oberseite der Elle und dann beide in ihre Position am unteren Ende des Oberarms. Knicke alle Faltlinien der Hand und klebe sie unten an Elle und Speiche. Danach klebst du den Arm links an das Skelett. Der Falz des linken Schulterblatts wird dabei oben hinten im Arm befestigt.

SCHRITT 13

Schneide die Knochen für das linke Bein aus und die schwarzen Linien ein. Knicke die Rundungen in Ober- und Unterschenkelknochen und klebe die beiden Teile des Oberschenkelknochens aneinander. Klebe an den Falzen am oberen Ende und unten bei A und B. Klebe die beiden Teile des Schienbeins zusammen und knicke die Rundungen von Schienbein und Wadenbein. Klebe das Wadenbein seitlich an die markierten Felder des Schienbeins, wie die Pfeile zeigen.
Klebe die Beinhälften am Kniegelenk zusammen, wie Pfeil C zeigt.

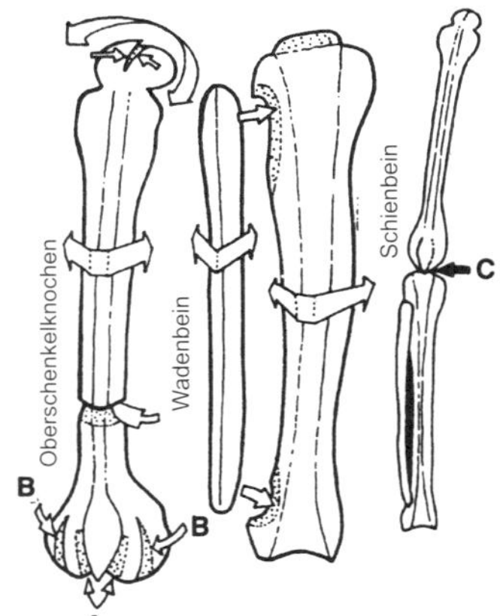

SCHRITT 14

Schneide die Knochen für den linken Fuß aus und die schwarzen Linien ein. Biege die Zehenspitzen und klebe sie aneinander. Klebe die Zehen an den mittleren Teil des Fußes und die Falze wie abgebildet. Klebe den Spann an den Mittelteil in eine leicht aufgerichtete Position. Klebe die Ferse entlang der Lasche an die Seite des Spanns. Klebe den Fuß an das Bein.

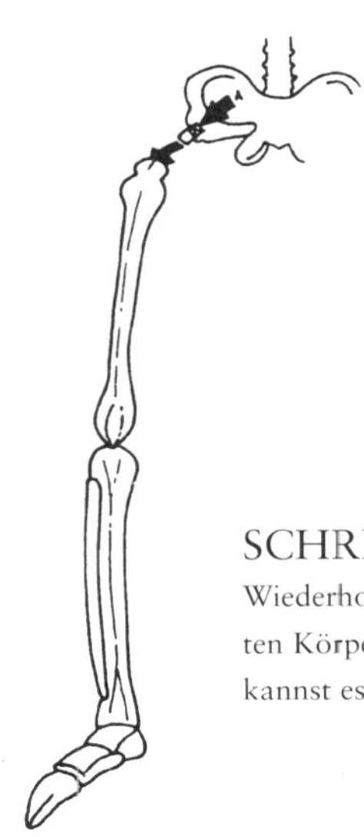

SCHRITT 15

Klebe die Beine an die Laschen am Becken. Die obere Rundung liegt dabei auf gleicher Höhe wie die Spitze von Pfeil A.

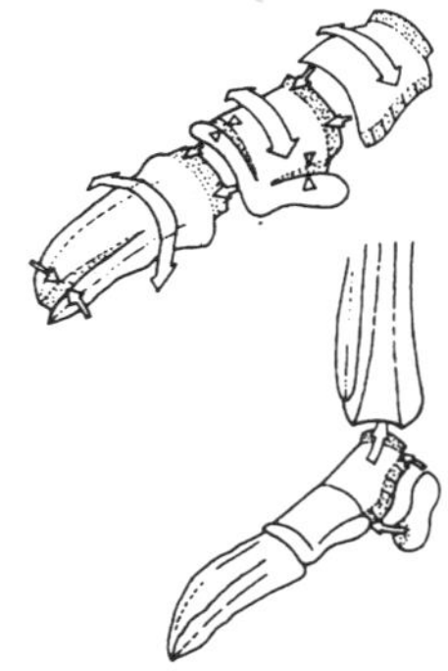

SCHRITT 16

Wiederhole die Schritte 12–15 mit den Knochen der rechten Körperhälfte. Nun ist dein Skelett vollständig! Du kannst es mit einem Stück Schnur am Schädel aufhängen.

DIE HAUT

Die elastische Zellschicht namens Haut bedeckt nicht nur Muskeln und Knochen, sondern erledigt auch noch andere Aufgaben: Wenn du frierst, hält sie die Wärme im Körper, und wenn die Temperatur steigt, lässt sie Wärme entweichen. Sie hält Keime in Schach, heilt schnell, verleiht dir deinen Tastsinn und unterstützt das Wachstum von Haaren und Nägeln.

Die Haut besteht aus Zellen. Die sichtbare Haut ist jedoch abgestorben. Diese äußerste Hautschicht namens Epidermis schützt die lebenden Hautzellen. Die Haut produziert gleichzeitig neue Zellen und stößt die alten ab. Eine neue Zelle entsteht, indem eine bestehende Zelle anschwillt und sich streckt, bis sie sich zweiteilt. Eine Hautzelle lebt etwa 28 Tage lang, bis sie abstirbt.

Am dünnsten ist die Haut auf den Augenlidern und Lippen. Hier misst sie nur etwa 0,5 mm. An deinen Fußsohlen ist sie wesentlich dicker, etwa 3 mm.

Sieh dir deine Fingerspitzen an. Sie besitzen ein Wirbelmuster aus winzig kleinen Furchen. Es entstand vor deiner Geburt und ist bei jedem Menschen einzigartig. Deshalb suchen die Kriminalinspektoren Fingerabdrücke am Ort eines Verbrechens. Mit einem speziellen Puder können sie die Fingerabdrücke all der Menschen sichtbar machen, die am Tatort waren, und ihre Identität feststellen. Um deine Fingerabdrücke besser sehen zu können, kannst du deinen Finger in ein Tintenkissen drücken und dann auf Papier. Vergleiche deinen Fingerabdruck mit dem eines Freundes.

KNOCHENNAHRUNG

Wie der Rest unseres Körpers benötigen auch die Knochen Nahrung, um wachsen zu können. Die besten Nahrungsmittel für Knochen sind die, die Vitamin C und D und einige Mineralien enthalten. Sie sind nicht nur gut für die Knochen, sondern kräftigen auch die Zähne.

DAS OHR

Drei winzige Knöchelchen in deinem Ohr bewirken, dass du hören kannst. Deine Ohrmuschel hat einen Gehörgang, der zum Trommelfell führt. Die Töne reisen durch diesen Gang und setzen das Trommelfell in Bewegung. Diese Vibrationen werden anschließend durch die drei Ohrknöchelchen – Hammer, Amboss und Steigbügel – weitergeleitet. Hinter diesen Ohrknöchelchen liegt die so genannte Schnecke, eine mit Flüssigkeit gefüllte Kammer. Bewegt sich diese Flüssigkeit, werden feine Härchen davon angeregt. Die Nervenenden an der Basis der Haare setzen den Hörnerv in Bewegung, und der Klang wird ans Gehirn übermittelt. Auch wenn sich das kompliziert anhört, erfolgt das Hören sehr schnell – wenn es auch eine Verzögerung zwischen dem Geräusch und seiner Wahrnehmung durch das Gehirn gibt. Doch die Verzögerung ist so gering, dass du sie möglicherweise gar nicht wahrnimmst.

Das Hören ist nicht die einzige Aufgabe der Ohren. Sie sorgen auch dafür, dass du das Gleichgewicht halten kannst. Die Flüssigkeit im Ohr bleibt waagerecht, egal ob du aufrecht stehst oder auf der Seite liegst. Die Nerven in der Flüssigkeit teilen dem Gehirn die Position des Körpers mit. Das Gehirn wiederum sendet Botschaften an die Glieder, die dann den Körper koordinieren.

Die Flüssigkeit ist auch dafür verantwortlich, dass dir schwindlig ist, nachdem du dich im Kreis gedreht hast. Denn wenn du anhältst, dreht sich die Flüssigkeit weiter. Dein Gehirn glaubt, dass du dich immer noch bewegst; deshalb fühlst du dich körperlich durcheinander.

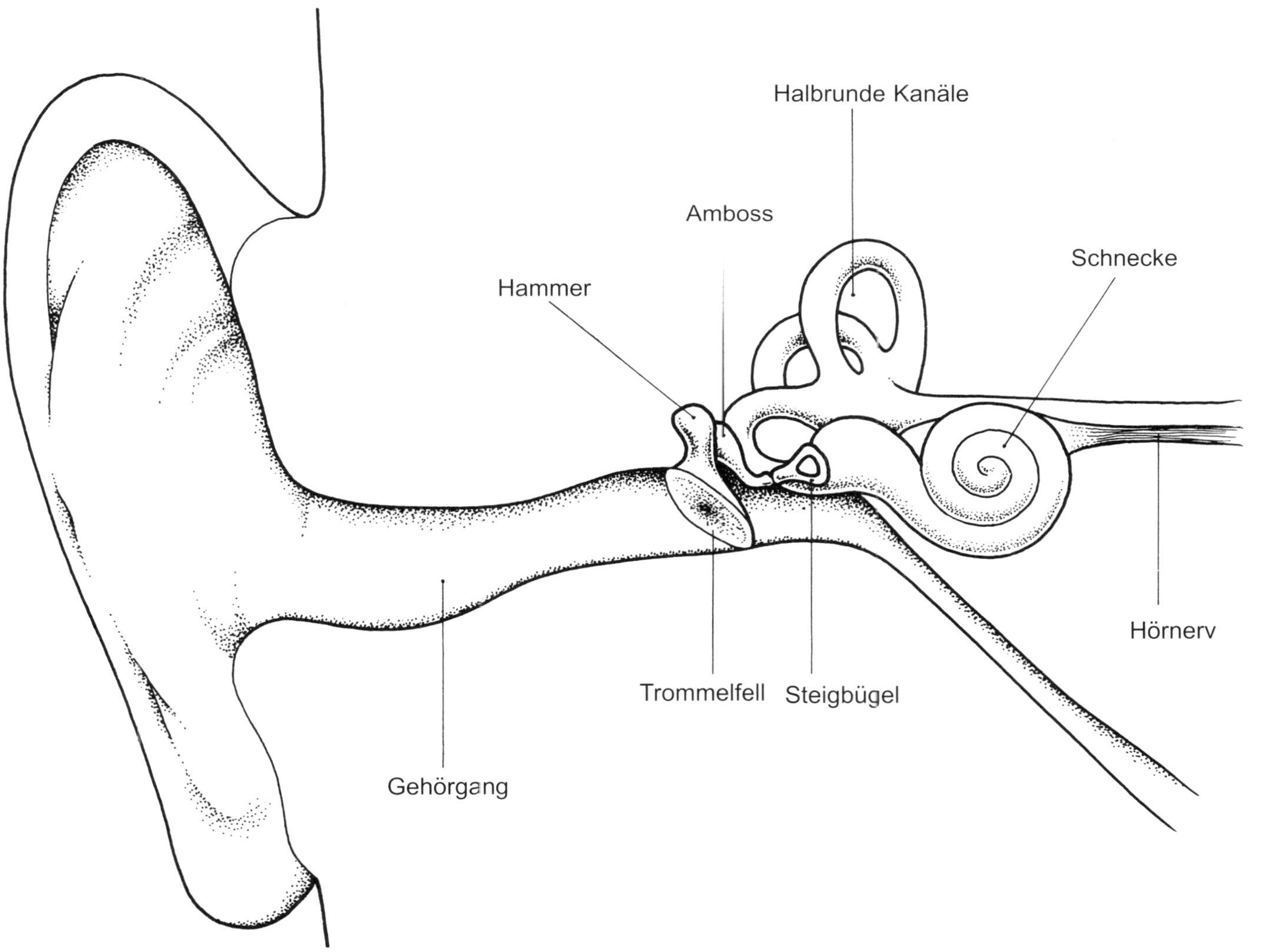

VERLETZUNG DER KNOCHEN

Knochen können brechen. Wenn das passiert, muss man ein Krankenhaus aufsuchen. Dort bekommt man einen Gips.

Ein Gips stützt die Knochen und hält sie ruhig, sodass sie heilen können. Neue Zellen entstehen, aus denen zunächst ein faseriges Material entsteht, das den Bruch überbrückt. Bald ist der Bruch vollständig zugewachsen.

Sind Knochen mehrfach gebrochen, benötigen sie zusätzliche Hilfe. Dann packt der Arzt seine „Werkzeugkiste“ aus und fügt die Knochenstücke mit Schrauben und Platten wieder zusammen.

Wenn Ärzte sich die Verletzung genauer ansehen möchten oder wissen möchten, ob sie richtig verheilt, lassen sie eine Röntgenaufnahme machen. Das ist eine Art Foto vom Inneren des Körpers. Die Röntgenapparate wurden 1895 von dem deutschen Physiker W. C. Röntgen erfunden.

Wenn man stolpert und ungünstig fällt, kann man sich auch eine Verstauchung zuziehen. Dabei werden die Bänder an einem Gelenk verletzt. Das kann sehr schmerzhaft sein, und meist schwillt das Gelenk an. Wenn kalte Umschläge und eine längere Ruhezeit nicht helfen, muss man einen Arzt aufsuchen.

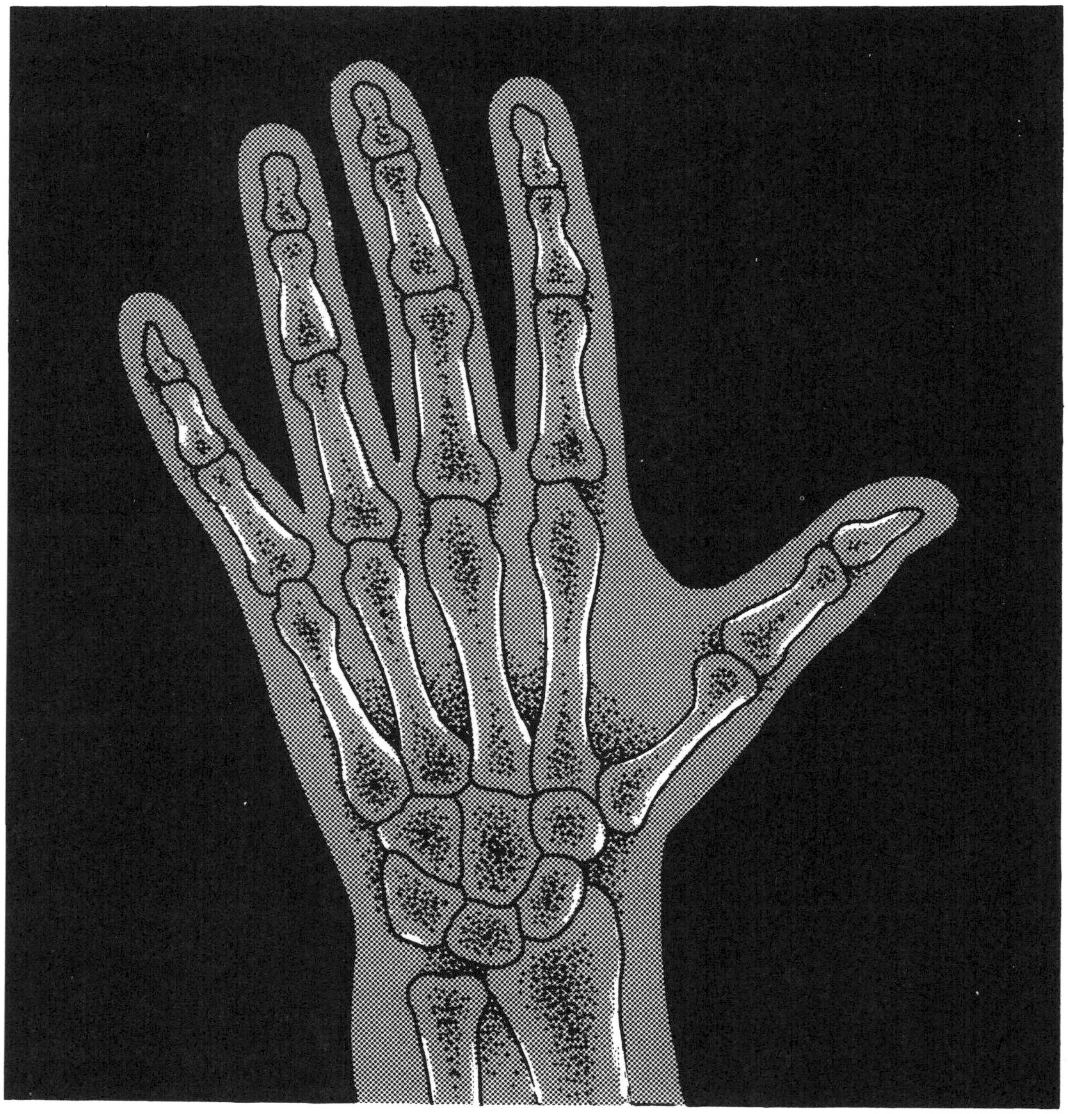

SEI VORSICHTIG

Bei einem Unfall können Knochen brechen, aber sie können auch auf andere Weise Schaden nehmen. Wenn du aufrecht stehst, sollte deine Wirbelsäule leicht geschwungen sein, aber nicht nach vorn gebeugt. Wenn du das Kinn anhebst, die Brust herausstreckst und die Schultern zurücknimmst, wird das Rückgrat entlastet. Eine falsche Körperhaltung könnte später zu Rückenproblemen führen.

Die Füße eines Babys sind vollkommen, bis es zu laufen beginnt. Aber nicht das Laufen ruiniert die Füße, sondern die Schuhe. Es ist überaus wichtig, dass die Schuhe gut passen, insbesondere in der Kindheit. Zu enge Schuhe verformen die weichen Fußknochen und verursachen hässliche Beulen. Erst mit 25 Jahren sind die Knochen ganz hart; es ist also auch für Teenager wichtig, gut sitzende Schuhe zu tragen.

Ein neugeborenes Baby ist noch sehr ungelenk. Je älter es wird, desto besser kann es seinen Körper kontrollieren, erst beim Krabbeln und später beim Gehen und Laufen. Ein Baby, das Laufen lernt, kräftigt seine Muskeln. Um die Muskeln zu stärken, sollten sie vom Babyalter bis ins hohe Alter kontinuierlich trainiert werden.

Mit zunehmendem Alter werden die Knochen brüchiger, und sie heilen langsamer. Manche Menschen leiden an einer Krankheit namens Osteoporose – ihre Knochen brechen sehr schnell, und sie müssen aufpassen, damit sie nicht stolpern oder fallen.

A – Z DES KÖRPERS

Wie du nun weißt, ist das Skelett allein nicht funktionsfähig. Der menschliche Körper benötigt auch Muskeln, Haut, die Organe und Blut. Mit den folgenden Erklärungen weißt du von Kopf bis Fuß über deinen Körper Bescheid.

A – Antikörper: Eiweißstoffe, die Krankheitserreger bekämpfen
B – Blase: ein dehnbarer Behälter, der das Abwasser des Körpers sammelt
C – Cochlea: auch Schnecke genannt. Mit Flüssigkeit gefüllte Kammer im Ohr
D – Diaphragma: auch Zwerchfell genannt. Muskelschicht unter den Lungen, die bei der Atmung hilft
E – Elastin: ein Protein und einer der Bausteine von Collagen, das für die Festigkeit von Gewebe sorgt.
F – Follikel: Gefäße, aus denen die Haare wachsen
G – Gallenblase: speichert die in der Leber produzierte Gallenflüssigkeit, die für die Verdauung benötigt wird
H – Hormone: chemische Botenstoffe, die unter anderem das Wachstum des Körpers steuern
I – Intestinum: Eingeweide, die die Speisen verdauen
J – Jochbein: Gesichtsschädelknochen, formt die Wange
K – Keratin: eine Substanz, die den Haaren, Nägeln und der Haut Festigkeit verleiht
L – Larynx: der Kehlkopf, der die Stimmbänder enthält
M – Muskuloskelettales System: die Kombination von Knochen, Muskeln und Gelenken
N – Nerven: Leitungsbahnen vom Körper zum Gehirn
O – Osteologie: Wissenschaft von den Knochen
P – Palatum durum: der knöcherne Teil des Gaumens
Q – Quadrizeps: Streckmuskel am Oberschenkel
R – Radiologe: ein Arzt, der Röntgenaufnahmen macht
S – Sakrum: das Kreuzbein, ein Knochen am Ende der Wirbelsäule, der aus fünf Wirbeln besteht
T – Thyroxin: Hormon, das in der Schilddrüse gebildet wird
U – Urea: Harnstoff. Abfallstoff des Körpers, der zu Urin (Harn) wird
V – Vegetatives Nervensystem: kontrolliert Funktionen, die weitgehend der Kontrolle durch das Bewusstsein entzogen sind (wie etwa die Verdauung)
W – Wasser, ein sehr wichtiger Bestandteil des Körpers. Deshalb trinke immer viel
X – X-Chromosom: ein Träger der Erbinformation. Kommt in den Zellen der Männer einmal, bei Frauen doppelt vor
Y – Y-Chromosom: kommt nur bei Männern vor
Z – Zellen: winzige Organismen, aus denen alle Lebewesen bestehen

DEINE KNOCHEN

Carpus – Handwurzel, aus acht Knochen bestehend
Clavicula – Schlüsselbein
Coccyx – Steißbein
Cranium – der knöcherne Schädel
Elle – einer der beiden Unterarmknochen
Femur – der Oberschenkelknochen
Halswirbelsäule – der obere Teil der Wirbelsäule
Humerus – Oberarmknochen
Kalkaneus – Fersenbein
Mandibula – Unterkiefer
Maxilla – Oberkiefer
Os frontale – Stirnbein
Os occipitale – Hinterhauptsbein
Os parietale – Scheitelbein
Os sacrum – Kreuzbein
Ossa metacarpi – Mittelhandknochen
Ossa metatarsi – Mittelfußknochen
Ossa tarsi – Fußwurzelknochen im Fußgelenk, sieben in jedem Fuß
Patella – Kniescheibe
Pelvis – Becken
Phalangen – Finger- oder Zehenglieder
Radius – Speiche, Knochen des Unterarms
Scapula – Schulterblatt
Sternum – Brustbein, vor der Brust liegender Knochen, an dem die vorderen Rippen befestigt sind
Tibia – Schienbein
Vertebrae lumbales – Lendenwirbel
Vertebrae thoracicae – Thorakalwirbel, die Brustwirbel
Wirbel – Knochen des Rückgrats

WORTSUCHE

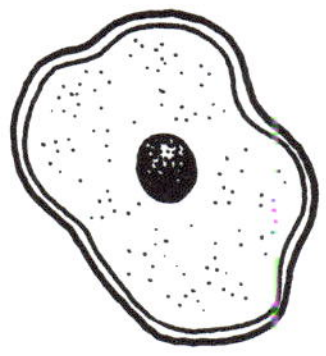

In dieser Wörterkiste sind zehn Begriffe, die jeweils einen Teil des menschlichen Körpers bezeichnen, versteckt. Die Wörter stehen in einer Linie, aber sie können vorwärts oder rückwärts, aufwärts oder abwärts oder auch diagonal gelesen werden. Manche Buchstaben werden doppelt verwendet.

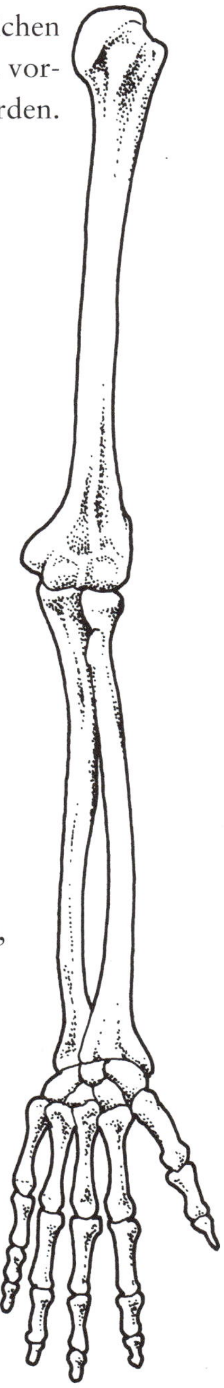

A	M	K	L	A	K	A	R
L	C	R	A	N	I	U	M
U	S	E	H	N	E	R	V
P	I	A	S	Q	F	R	T
A	Z	E	L	L	E	I	V
C	R	S	M	H	R	L	E
S	C	H	A	E	D	E	L
U	M	U	I	Z	L	A	K

Die versteckten Wörter heißen: Cranium, Kiefer, Zelle, Kalzium, Schädel, Zahn, Nerv, Sehne, Scapula, Zeh.

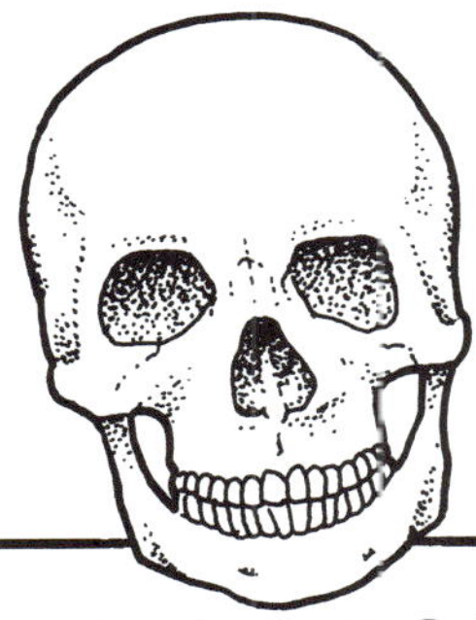

MUSKULOSKELETTALES SYSTEM

Dieser Begriff bezeichnet alle Knochen, Muskeln und Gelenke, die im Körper zusammenarbeiten. Finde heraus, wie viele Wörter aus drei oder mehr Buchstaben du aus diesen beiden Wörtern bilden kannst. Du darfst die Buchstaben beliebig kombinieren, aber jeden Buchstaben nur einmal pro Wort verwenden. Pluralformen zählen nicht. Es sind fünf Tiere und drei Körperteile, aber auch viele andere Wörter darin versteckt. Viel Spaß beim Suchen!

BEMALE DEIN GESICHT

Du kannst deine eigenen Knochen zwar nicht sehen – außer auf einer Röntgenaufnahme –, aber du kannst dein Gesicht so anmalen, dass es aussieht wie ein Schädel oder ein ganzes Skelett. Das ist eine lustige Idee für Halloween oder Karneval. Verwende am besten Farben auf Wasserbasis. Zum Auftragen benötigst du jeweils einen dünnen und einen dicken Schwamm oder Pinsel. Bevor du beginnst, ziehst du dir am besten eine Schürze an, um deine Kleider zu schützen. Prüfe zuerst, ob deine Haut die Farbe verträgt. Trage dazu ein wenig Farbe auf den Handrücken auf und warte ein paar Stunden, um sicherzugehen, dass sich die Haut nicht rötet, juckt oder schmerzt.

EIN SCHÄDEL

Trage mit einem Schwamm weiße Farbe auf dein Gesicht auf, vom Haaransatz bis zum Hals. Tupfe mit einem trockenen Schwamm etwas grüne Farbe um die Ränder auf, und gebe etwas Grau unter die Wangenknochen, um die hohlen Wangen eines Schädels anzudeuten.

Nimm einen Pinsel und male mit schwarzer Farbe Kreise um deine Augen. Bemale auch die Lider. Male dann auf deine Nasenflügel zwei schwarze Dreiecke, deren Spitzen nach oben zeigen.

Ziehe nun, ebenfalls mit schwarzer Farbe, ein großes Rechteck um deine geschlossenen Lippen. Male dann senkrechte Striche von der oberen zur unteren Linie. Die Abstände dazwischen sehen aus wie Zähne.

Zum Schluss malst du gezackte Risse auf deine Stirn. Wenn du direkt daneben weiße Linien malst, sehen sie tiefer aus. Bedecke dein Haar und den Hals mit einem schwarzen Tuch oder Schal.

EIN SKELETT

Du kannst auch ein ganzes Skelett auf dein Gesicht malen. Verwende das Bild auf Seite 1 als Vorlage. Male mit weißer Farbe einen Schädel auf deine Stirn. Zeichne Schultern, Arme und Hände über deine Augenbrauen und um die Augen herum.

Male den Brustkorb und die Rippen auf die Nase und das Becken an die Nasenflügel. Deine Nasenlöcher sehen dann wie die beiden Löcher des Beckens aus.

Dann malst du die Oberschenkel entlang der Vertiefungen zwischen Nase und Mund. Die Schienbeine und Füße hängen um die Mundwinkel herab. Ziehe anschließend die Umrisse mit einem dünnen Pinsel und schwarzer Farbe nach.

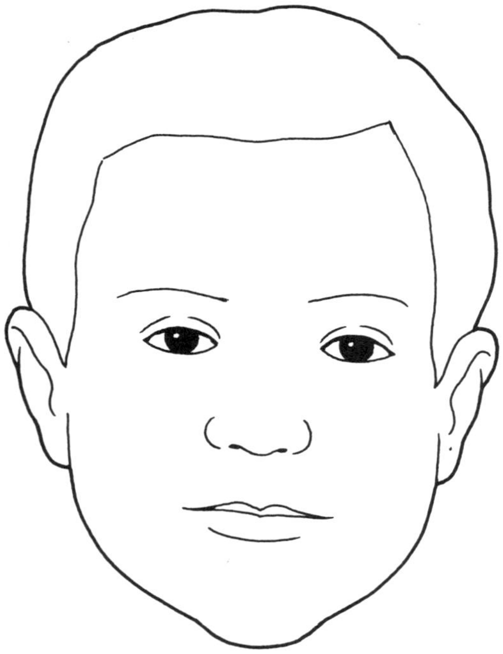

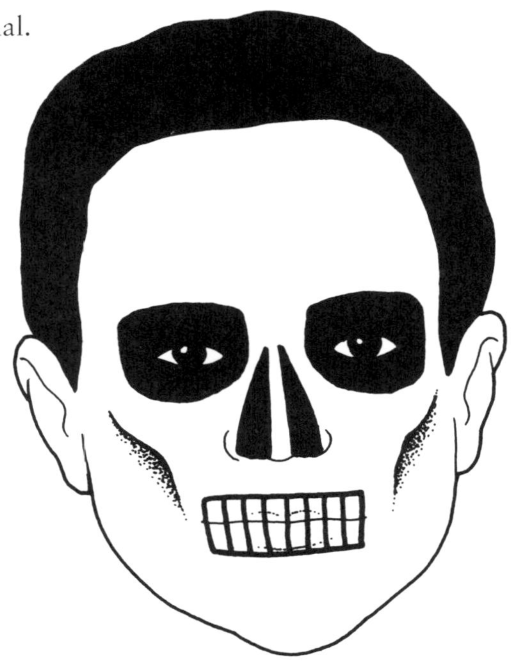

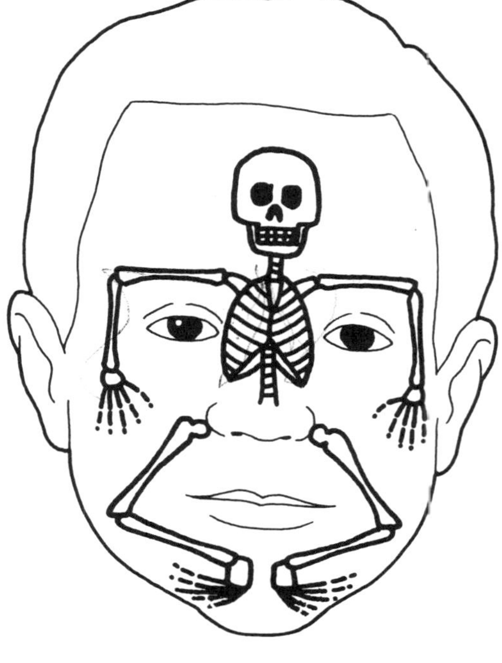

 Übersetzung: Anke Wellner-Kempf, Jetzendorf. Redaktion & Satz: trans texas GmbH, Köln. Printed in Malaysia. ISBN 1-40546-434-8